退化する子どもたち

小林道雄
Michio Kobayashi

現代人文社

退化する子どもたち

はじめに

二〇〇〇年度に三〇日以上不登校を続けていた公立校の小中学生は、文部科学省の調査でさえ一三万四〇〇〇人という数に至っている。また、同省の追跡調査によれば、不登校のきっかけと継続の理由は「友人関係をめぐる問題」が四五％を占めている。それからも分かるとおり、不登校や非行には友人関係の軋轢《あつれき》、つまりは「いじめ」が大きくかかわっている。

そこには、教師や学校の対応の問題もあるが、学校生活という子ども社会の中でのいじめや同調圧力は、子どもたち自身がつくり出している。いじめをやっている子は欲望や衝動を抑制できない社会性の未熟な子だが、不登校になった子は（そうならない子も多いことからすれば）対人関係をこなしていく能力が弱かったと見ていいだろう。

一言で言えば、今の子どもたちはひどく弱くなっている。とりわけ、人の間で生きていく力が大きく落ちている。事実として最近の子は、仲間から好かれるか好かれないかを何よりも気にしている。みなから好かれている子はそれだけで評価されるが、誰からも好かれない子は自分で自分の存在を否定するようにさえなる。そこにはいじめの問題もかかわっているが、それだけではない。好かれている子を評価するのは、多くの子どもが自分は人付き合いが下手だと意識しているということなのである。

人付き合いがうまくできるためには、人の心が分からなくてはならない。そうなるにはいろいろな心の状態を経験し、人の心が分かることで自分を考えるというプロセスを踏んでいく必要がある。人間が社会の中で生きていくための基本であるこの能力は、家族とのコミュニケーションや子ども同士の遊びの中で育《はぐく》まれていくもので、早期教育的な勉強とは関係ない。そして、この能力がそれぞれの年齢段階で十分に発達しているのが、強い子なのである。

実を言えば私は、今の子どもたちには人間としての基本的な部分に質的な変化が起こっているのではないかと考えていた。しかし、家庭裁判所の調査官など少年非行の現場に携わっている人たちを取材して知らされたことは、変わったのではなく年齢にふさわしい発達を遂げていないということだった。質的な変化と思わされたのは、未熟さを未熟さとも意識できない幼さのままで生きている子どもや若者が、ごく普通になったということなのである。

もちろんすべてではないが、非行や犯罪には未熟さによって引き起こされている場合が多い。かたちとして凶悪な事件を起こした少年の中には精神鑑定が必要とされたケースも少なくないが、そこにも未熟さは深くかかわっている。

では、どうしてそのような事態に立ち至ったのか。それぞれケースを踏まえた証言が一致して指摘したのは、子育ての基本が分からなくなり本当の暮らしが失われた家庭と、育ち合いがなくなってしまった子ども社会の変質だった。

とはいえ、子どもの実態には誰よりも精通している調査官たちも、未熟さを生み出している根底にあるものについては首を傾《かし》げるばかりだった。おそらくは、その人たちが身につけている心理学など従来の精神科学では説明のつかないケースが多いからだろう。そこで私は、近年急速な進歩を遂げている脳科学に解明を求めた。その答えは意外にも、子どもを人間として成長させるための環境が損なわれているということだった。

科学技術の発達は人間の生活環境を大きく変えたが、生まれた子どもが人と交わっていく知恵（社会的理性）を獲得していくために必要な環境は、「遊びをせんとや生まれけむ」と詠《うた》われた時代の環境と変わるものではないし、変わってはならないという。つまり、今の子どもたちの未熟さは、遺伝子に刷り込まれている発達プログラムに従った生活が十分にできなくなっているためだというのである。

その環境を失わせたのは第一に少子化だが、少子化が失わせたのは子育ての基本だった。これまでの親が目的としてきた「一人で生きていける力をつける」こと、そのために「世の中に出して恥ずかしくない人間にする」ことは、もはや第一義的なものではなくなっている。その意味での「強い子に育てる」意識は、すっかり薄まってしまっているのである。

どの子どもにもストレスになるものは等しくかかっている。強い子は自分なりに克服してストレスにしないで済むが、それができない子はストレスと感じる。そして、次第に重くなるストレスに抗しきれず、いわば「自傷」に陥るのが引きこもりなどの挫折であり、「他害」に向かうのが非行となる。つまりその子は、状況に対応していける能力が未熟だったということだ。しかし、その弱さは子どもだけに帰せられるものかどうかである。

現在の親の多くは、良い大学に入れて一流企業に就職させることが子どもを幸福にすることだと、成績を上げさせることに躍起になっている。要するに「勝ち組」にしたいわけだが、その勝つための能力には自立して生きていくための強さは含まれていない。そこで最近は、成績の良い子の中にも非行に走る子や挫折して引きこもりになる子が増えている。親としては「何のための努力だったか」と悲嘆に暮れることになるが、それは社会にとっても損失である。

強い弱いということで取り違えられては困るが、私の言う弱い子は弱者ということではない。人の心の痛みが分からないのは未熟だからで、それゆえに暴行事件を起こすような弱い子となる。人を思いやることができる強い子は、いじめなどはやらないということなのである。

では、どうしたら強い子に育てられるか。本書は主として少年非行という窓口から弱い子の実態を伝えるものだが、そこから汲み取っていただけるものは少なくないと思う。

もくじ

未熟さが招く犯罪

聴かれない現場の声

私が、本書の題名を内容とする構想を立てて取材に取りかかろうとしたのは、二〇〇〇年六月ごろのことだった。それは、小学校一年生の段階で学級崩壊をもたらすような子どもの出現に、退化としか思えない変質を考えたからだった。ところがそれから間もなく、くすぶり続けてきた少年法改正の動きがにわかに慌ただしくなった。

自民党の「少年法に関する小委員会」の意向として伝えられた改正案は、刑事罰を科すことができる年齢を一六歳から一四歳に引き下げるという厳罰化だったのである。しかもその改正案は、法制審議会に委ねたのでは埒《らち》があかないと議員立法で上程を急ぎ、法務省や裁判所の実務家たちの意見をほとんど聴いていなかった。

では、少年非行の現場に携わっている人たちは、この改正案をどう見ているか。それが気になった私は、雑誌『世界』（岩波書店）の短期連載として急遽その問題を追うことにした。そして、主として東京、神奈川、埼玉の、家庭裁判所調査官、保護観察官、元少年鑑別所所長、元少年院院長、家庭裁判所で少年事件を担当した経験を持つ裁判官など十数人に、改正案の是非と少年非行の実態について尋ね歩いた。

私としては見解以上のことは訊かないよう自制したが、幸いにも多くの人がそれとは分からぬかたちながら裏付けとしてのケースを語ってくれた。取材者としてはありがたいことだったが、厳密に言えば公務員としての守秘義務に触れるところもなしとは言えない。そのため、承諾を得た人以外は名前はもとよりどこに所属するかも伏せざるをえなくなった。もちろん、その事情は本書でも変わらない。ご了承を願う次第である。

結論から言えば、その人たちの改正案についての見解は全員が反対であった。ただし、すべての人が被害者への対応には問題があるとして、その面の改正は行うべきだと言った。つまり、改正そのものには反対ではなかったということである。

なお、刑事処分にできる年齢を一四歳に引き下げることについては、それぞれ言い方は違ったがすべての人が「抑止効果はないと思う」と答えた。たとえば、現在は高等裁判所判事の職にあるA裁判官は、その理由を次のように語った。

「まったく効果がないだけでなく、とんでもない話だと思います。威嚇として一四歳でも懲役にするということでしょうが、実際にそうした場合はどうなるかです。現在の少年刑務所には未成年者は十数人しかいないはずで、少年としての処遇なんかしていないと思います。だから一六歳になるまでは少年院に入れておこうということなんでしょうが、入ってくる人数は少ないわけだから、少年院だって他の少年と別扱いはできないでしょう。そうなれば、懲役刑はかたちだけのものになり、実質は厳罰化でも何でもないことになります。

少年院も実刑になった少年が大勢入ってくればそれなりの処遇はできるでしょうが、一四歳、一五歳の服役囚が大勢いるという状態が出現するとは思えない。刑事処分にされる少年は結局は少数でしょう。それは、いわば法があるためのイケニエじゃないですか、厳罰化の威嚇を保つためのね。おそらく、実務をやっている人は誰も賛成しないでしょう。やったら、後で大変困ることになる。これだけは、はっきりしていますから」

少年院は少年の更生を目的に矯正教育を行う施設である。その少年院の中で、懲役囚である少年の「刑を執行する」というのはどういうことか。たしかに、困ることになるだろう。

検証されない現実

改正案が、刑事罰の年齢切り下げとともに「故意の犯行で被害者を死亡させた十六歳以上の少年は、原則として検察官に送致（逆送）しなければならない」としたのは、少年事件の凶悪化と年少化を理由としていた。だが、はたして少年非行は、言われるほど凶悪化し低年齢化しているかどうか。

それについては、警察庁の統計を検証した結果が数多く発表されており、とくに凶悪化もしていなければ低年齢化もしていないことが明らかになっている。統計ですらそうなのだが、家庭裁判所の調査官は例外なく警察庁の統計そのものを信用していない。理由は、

「万引きを発見されて逃げようとして店員に怪我をさせた少年に、警察は強盗致傷という逮捕状を取っているんです。それが検察庁の段階で窃盗と傷害に分けられて送致されてくるんですが、警察統計では強盗致傷のままです。ですから、実態と照合すれば、統計の数値は大幅に変わるはずです」

ということなのだ。しかも、一九九九年度の少年刑法犯の総数は前年比で九％も減っていたのである。こうした事実の検証を含めて、私には何よりもメディアの姿勢が気になっていた。なぜなら、一般の人々が抱いている凶悪化・低年齢化というイメージは、週刊誌やテレビのワイドショウなどメディアによって作られていたからである。

少年問題が少年法問題になったのは、神戸の児童連続殺傷事件からだった。それは一部週刊誌の「こんな凶悪な犯罪を犯した少年が、たかだか二年しか収容されない少年院送致でいいのか」という論調が、オウム事件で一段と不安神経症的になった日本人の安全願望を刺激したということだろう。

そして、その不安（排除欲求）は以後も続く凶悪と報じられる少年事件によってさらに内攻し、少年法バッシングに転じていった。少年法改正はそうした気分を背にしていたということである。

たしかに、まさかと思わせるような少年事件は引きも切らず続いていた。当時、私の記憶にある主だった事件だけでも、

――中1の男子生徒がナイフで女性教師を刺殺（栃木県黒磯市）、中3の男子が短銃を奪おうと警察官をナイフで襲う（東京都江東区）、高3男子が一面識もない主婦を刺殺（愛知県豊川市）、一七歳男子が高速バスを乗っ取り包丁で女性客三人を死傷させる（佐賀県佐賀市）、一六歳の男女四人が中学時代の級友を呼び出して暴行し殺害した遺体を隠す（埼玉県入間市）、高2男子がテレビ局に犯行予告文を送り電車内で見ず知らずの乗客の頭をハンマーで殴る（神奈川県鎌倉市）、高3男子が野球部の後輩を殴ったうえ母親を金属バットで撲殺して失踪（岡山県長船町）、高1男子が知り合いの一家六人をナイフで殺傷（大分県野津町）――

と続いていたのである。

私にとって、こうした事件はまずは不可解だった。しかしメディアは、結果としての凄惨さをとらえて、その都度紙面に「凶悪」の文字を踊らせた。それだけに、社会を震撼させた少年事件は、きわめつきの凶悪事件として記憶されることになる。そのため、神戸の児童連続殺傷事件や佐賀県のバスジャック事件が、常にその象徴のように扱われている。

しかし私が取材した人たちは、凶悪化としてそうした事件を例に引くことに、言い合わせたような抵抗を示した。それがなぜかについて、元鑑別所所長B氏と現職の家裁調査官Cさんは次のように語った。

「神戸の児童連続殺傷事件や佐賀のバスジャック事件というのは、精神面に問題を持つきわめて特殊な事件であって、非行一般に敷衍《ふえん》できるものではないし、そう考えること自体が誤りをもたらします。あのような事件は精神的に同類項を持つ少年には共鳴を生むというかたちで影響を与えますから、その点は十分に気をつける必要があります」

「酒鬼薔薇《さかきばら》事件は特異な事件だと思います。それからバスジャック事件は、最初ニュースで聞いたとき、これは精神を病んでいる人がやっているだろう、ことによれば未成年者ではないかと思っていたら、当たってしまいました。この二つの事件はあくまで特異なもので、大人の側がそういう位置づけをきちんとしておいたほうがいいと思います」

そうであれば、凶悪とされた事件には、精神に障害を持つ少年によって引き起こされたものが多いということになる。ということは、現在の社会そのものに精神を歪ませるものが強まっているようにも思える。

しかし、その問いに対してD氏（元少年院院長・鑑別所所長）は、一九六九年に横浜の高１男子が、日ごろから自分を見下していると感じていた同級生をナイフでメッタ刺しにして殺害したうえ首を切り落としたという、神戸の事件にきわめてよく似た事件を例に引きながら、

「たしかに、社会がもたらす歪みもなくはないでしょう。ただ、精神障害の問題については時代的な推移を考えなければなりません。最近は精神医学が大変に進歩して、刑事司法や少年司法でもそれを重視する傾向が強まっています。ですから、私がこの世界に入ったころも、今と同じよ

うなレベルで見たとしたら、精神に問題を抱えていた人もけっこう多かったんじゃないかと思うんです。しかし、当時はそんなものは全然網に引っ掛からないで、単なる非行少年とか、ちょっと変わったケースぐらいで処理されていたわけです。そう考えれば、最近になってそういう子どもが極端に増えているとは簡単には言えないんじゃないかと思います」

と答えた。いつの時代でも少年の起こす問題は、時代の〝相〟としてとらえられるところがある。しかし、侃々諤々《かんかんがくがく》と論じられたことも時代とともに忘れ去られて行く。ともあれ、ここまで分かることは、事件を凶悪さで一括りにすることには問題があるということだ。その点について、先のC調査官はこのような見解を示した。

「私は凶悪事件を二通りに分けて考えたほうがいいと思います。一つは暴走族やオヤジ狩りのようなやや古典的なグループ型非行、もう一つは岡山でお母さんを殺して逃げた子のようなケースです。後者の、一般非行の全然ない子の突発的な非行には、どこか救助願望があったり自殺願望があったり、自分の存在を認めてほしいという願望があったりします。岡山の子の場合はそれが複雑に絡んでいるように思いますが、愛知の主婦を殺した子の場合は自殺願望でしょう。最近あった、目立ちたかったと金槌で殴った事件というのは、捕まりたくてやったと思えるようなもので、あの子の場合はサイン的な意味合いでの救助願望だと思うんです。

この前、電車の中で乗客をハンマーで殴った子は、精神を病んでいる子なんですが、テレビ局や警察に犯行の予告文を送ったのは、そうすれば誰かがやめろと言ってくれるんじゃないかという、救助サインだったんですね。前者の暴力型と後者の突発型は、分けて考えなければいけないと思います。というのは、自民党の政治家なんかは、後者の話をしているかと思うと前者の話が出てきて、それをごっちゃにして凶悪化なんて言っていますから」

われわれが少年犯罪を知るのは、事件の発生と逮捕時点での警察情報を元にしたメディアの報道による。その場合メディアも、なぜそのような犯罪が起きたかを独自に取材して伝えはする。しかし、事件を起こした当人には警察や鑑別所の壁に遮《さえぎ》られて会うことはできない。そこで学校関係者や友人などの周辺を取材し、多くは生育歴のここに問題があったのではなかろうかといった伝え方をする。

わずかながら少年の問題をやってきた私に言えることがあるとすれば、事件を起こした理由や動機は、その少年に会ってみなければ分からない、いや、会っても分かるかどうか分からないということだ。それは当たり前な話で、親はどこまでわが子のことが分かっているか。一緒に生活していても分かりはしないのである。事件を起こして、初めて分からない部分があったことに気づく親がほとんどなのだ。

重大事件の場合はとくにそうだが、事件を起こした理由や動機は警察段階では明らかにならないことが多い。身柄を鑑別所に移された後に、家裁の調査官や鑑別所の技官の面接によって文字どおりポツリポツリと出てくるのが普通で、見ず知らずの人の頭をハンマーで殴った少年がなぜ犯行予告文を出したかという理由は、少年の悲惨な過去や、それが招いた精神障害などが明らかになってくるにつれて分かってくることなのである。

メディアが理由や動機を探ろうとするのは分からないではないが、その取材者に「簡単に分かるものではない」ということがどこまで分かっているか。私はそれを問題と感じる。が、ともかく事件は、メディアが「分かった気になった」そのままの内容として読者や視聴者に印象づけられ、おおかたは凶悪な、あるいは異常な性格の少年として記憶に残される。

凶悪事件を起こした少年は凶悪か

この小見出しは、実は取材したすべての人に私が発した質問である。私としては「凶悪な少年もいる」という答えもあろうかと思っていたのだが、そう答えた人はいなかった。と言うより、誰もが事件の凶悪さをもって少年を推し量ろうとすることに、反射的とも言える拒否反応を示した。そして、まさしく異口同音に言ったことは、「結果として凶悪なことをやってはいるが、本人はそれを凶悪なことと意識していない場合が多い」ということだった。

この問題について調査官のEさんは、相手の所持品を奪おうとナイフで切りつけた中3の少年の例を引きながらこう語った。

「新聞で凶悪だと騒がれた事件を起こした子なんですが、鑑別所で会ってみると全然しゃべらない。しゃべりたくないというのではなくて、しゃべれないんです。自分からは何も話せなくて、何を訊いてもウン、ウンと言うような反応しかしない。それで二回目からは誘導することのないように、答えの選択肢を三つか四つ用意して、こうじゃなかったの、ああじゃなかったのと訊いていったんですが、それでもずうっと黙っていて、どれかなぁぐらいしか言わない。

私は鑑別所に入った子には、だいたい三回ぐらい面接しているんですが、その子の場合は普通なら一回目でできる関係ができたのは、三回目か四回目でした。と言っても、ちょっと自分から話してきて、わずかに気持ちが分かる程度ですけどね。とにかく、ひどく言葉が貧しいし使えないから、人とはもちろん自分ともコミュニケーションができない。だから自分の気持ちもよく分からない。自分がやったことがどういうことなのか、世の中から見てどうかなんていうことは全然考えていない、考えられないんです。被害者がいたんだということも、よく分かっていないんです。結局、自分の部屋の自分の世界だけで生きていたんですね。いつも玩具のピストルで的を撃って遊んでいたという子なんです。本当に信じられないくらい未熟なんですよ。

全部がそうじゃないでしょうが、一人で突然ワッとやっちゃう子というのは、未熟な子が多いんじゃないでしょうか。やったことは凶悪で、強盗殺人未遂なんて怖い罪名がついていますが、本人はそんな子なんです」

それまで変質と考えていた私に、この話は衝撃的だった。しかし、それにしてもどうしてそんな子ができてしまったのか。よほど特異な環境ではないのかと想像したのだが、Eさんの話はそうではなかった。

「正直なところ分からないままなんですが、問題は家庭かなと思います。外から見れば両親そろっている普通の家庭で、経済的にもちゃんとしているんですが、家族関係に何か複雑なものがあって、表には出てこないんですが何となく人間関係がしっくりしていない。そのため、いろいろなことをきちんと話さないで済ませているところがあって、その子はほとんど自分の気持ちを表現することなくやってきているんです。

ケンカするでもいいし、甘えるでもいいんですが、そういうことのないままやってきているんですね。そんなふうにちゃんと育っていない子が年だけとって大きくなっているから、凶悪と言われるようなこともできてしまう。小さい子だったら、相手を玩具で叩くぐらいしかできないけれど、中学生になればナイフを持ち出すこともできる。私は、とんでもない事件には、そんなケースが多いような気がしています」

その話を聞きながら私が考えていたのは、言葉と暴力の問題だった。リテラシー（書字文化）の衰弱が暴力につながることは知られているが、言葉そのものが衰弱してしまったらどうなるかということである。しかし、Eさんの次の話は、自分がまるで分かっていないことを痛烈に思い知らせるものだった。

ケースそのものは詳しく語られなかったが、内容はよくあるオヤジ狩りとそう変わるものではないようだった。予備校に通っている受験生が、仲間二人と鉄パイプなどを手に道路の暗い場所に潜み、通りがかった酔ったサラリーマンを襲って殴り倒し、金を奪ったという事件のようなのである。

「会ってみると凶暴さなんて全然感じられない普通の受験生なんですね。で、私はオヤジ狩りは初めてだったものですから、私の感覚として、人を殴らずに済むならそのほうがいいはずだと思ったんです。武器は持っていても、最初は金を出せと言って、それで相手が怯《ひる》んで出してくれればいい。それでダメだったら武器を見せて殴られたいかと言ってみて、怖がって出してくれたらそれでいい。それでもダメだったら一回ぐらい殴って出させる。そういう手順みたいなものがあるでしょう。そこで、その子になぜそうしなかったのかと訊いたんです。そうしたら、面倒だからと言うんですね。

話したり脅かしたりして相手からお金を取るより、ガツンと殴って相手を倒して、……別に殺す気はなかったと言うんです、事実殺すところまではいっていませんでしたけど……それで相手が気を失うなり、怪我をして動けなくなるなり、とにかく抵抗できないようにして財布を取るほうが簡単だと言うんです。つまり、その子にとってはそのほうが楽なんですね。言葉で相手を脅してお金を出させるよりも、倒して動けなくして取るほうが楽なんです。そのときは、エーッこんな子がいるのかとショックを受けましたが、今そういう子は少なくないですよ」

「ひどいこと競争」になる集団暴行

言葉を面倒だと言うのは、言葉を使うことに困難さを感じているからではないか、あるいは知らない人間と言葉を交わすのが嫌なのではないか、私はそんなふうに想像したものだった。しかし、何であれこの行為は凶悪そのものであり、少年自身も凶悪でないとは言えない。ただ私には、本来の凶悪さとはどこか違うように思えてならなかった。

ところが、そんな思いはすぐに打ち切られた。Eさんによれば「この子の場合は、お金を取る動機というのもそんなに強くなくて、あればあったほうがいいという程度なんです」とのことなのである。そして、その後に続いたのは、

「その子とは別に、カツアゲ（恐喝）で送られてきた子がいたんですが、その子は相手がお金を出しているのに殴っているんです。で、訊いてみたら、お金が目的じゃない、殴ってみたかった。殴ったり蹴ったりしていると、何か自分が強くなったような、偉くなったような気がして気分がいいと言うんですね。事実として、今のカツアゲやオヤジ狩りには、あながちお金が目的じゃないケースも多いんです」

という話だったのである。要するに、暴力行為がカタルシスとして求められ行われているということだ。もっとも私がそのことに小さな驚きを感じたのは、しばらく少年問題から離れていたためであって、そうした傾向はとくに最近のことではないようだった。Eさんに取材した直後に読んだ『現代の少年非行』（萩原惠三編著、大日本図書、二〇〇〇年）によれば、〈「おやじ狩り」を実行した少年たちを少年鑑別所において面接し調査しますと、「お金や物が欲しくて」を動機とする者は半数にも及ばないのです〉

とのことなのである。驚くには当たらないということなのだろうが、その後にF調査官から聞いたいわゆる「リンチ殺人事件」の実態には何ともやりきれないものがあった。例として引かれたのは、高2の少年が中学時代に付き合っていた同級生に呼び出され、グループの三人から殴る蹴るの暴行をされて死亡したというケースなのである。

「それぞれに殴る理由はあったんですが、たいしたことじゃありません。それなのに、殴ったり蹴ったり倒したりの暴行をかなり長い時間やりましてね。要するに、相手を生きたサンドバッグにして、プロレスまがいのケンカの技で蹴ったり殴ったりして、今のはいいのが入ったというふうに楽しんでいたわけです。それで、やられている子がぐったりして頭が痛いと言い出したときも、危ないんじゃないかとは考えてなくて、ベンチに倒れている状態も寝てるという受け止め方なんです。

相手を殺すという気はないんですが、これだけやればどうなるかということは全然考えてない。だから、動かない死んじゃったとなって大変だと慌てて、アリバイ作りの口裏合わせをやったりしています。結果は傷害致死ですが、それに相当する理由らしい理由はない。本当に未熟さによるものとしか言いようがないんです」

集団暴行はおおむね凄惨な結果を招く。死には至らなかったものの植物人間化したというようなケースも少なくないのである。では、なぜそこまでに至るのか。過去に同じような事件を扱っているG調査官によれば、

「集団でやる場合には、自分が仲間の前でどれだけ凄いことをやったかの競争になりますから、やめるにやめられなくなります。やばいなと思っても言い出せない雰囲気がありますしね。そこで歯止めのない〝ひどいこと競争〟になって、傷害致死事件になるわけです。ああいう事件のほとんどは未熟さゆえの事件で、人が死ぬことだとか、殺すことがどういうことかが分かっていたら、あんなにはならないはずです」

ということなのである。また、それと同じような指摘は、先のE調査官の話にもあった。

「ナイフで刺した子も二、三人扱いましたが、どの子も相手がどうなるかなんて考えずに刺しています。それも、相手に恨みがあって刺すのならまだ分かるけど、対立グループの奴というだけで刺しているんです。こういういきさつになっているという仲間内の理由だけでね。そして、遅

れをとってはいけないとか、まわりに後輩がいるから格好つけなきゃいけないということで、かなり危険なところを刺しています。刺してどのくらいの怪我になるか考えなかったのかと訊いても、殺さないようにはしようと思ったぐらいのことは言いますが、あまり考えていない。その抵抗感のなさは聞いていて怖くなります。相手の人格とか生活ということを考える気持ちは全然ない。人間としてのものが育っていないから、できるということです」

われわれは、何よりも「リンチ殺害事件」と呼ばれるような暴力に凶悪さを感じるが、こうした事件の多くには「殺意」もなければ「未必の故意」もないと見ていいようなのである。

子ども社会を覆う強者の論理

この取材の過程で、私は何度「他人《ひと》の痛みが分からないのでしょうか」と尋ねたか分からない。しかし、問われた人は一様に小首をかしげ、結局は「分からないとしか思いようがありません」と答えた。それでも同じ問いを繰り返しながら私が考えたことは、暴力を振るっている少年の中にも、かつていじめや暴力を受けていた子はいるのではないかということだった。だがその疑問は、もとより調査官自身の疑問だった。

「加害者側にいる子がやられたことがないかといえば、かなりの子がやられているんです。だから、やられるのはつらいということは分かっているはずなんですが、それでもやるんですね。痛さつらさを経験していながら他人の痛みを考えることがないというのが、何とも不思議でならないんです」

F調査官はそう言うのである。この場合、やられた子が仕返しをしているとも受け取れはするが、そうであれば調査官は悩みはしないだろう。問題は、集団の暴行がなぜ「ひどいこと競争」になるかである。

人の心が分かるようになるには、子ども社会での泣いたり泣かせたりという日常の中でさまざまな心の状態を経験することが必要で、いかに親から説教されたところで「他人の痛みが分かる」ようにはならない。ただ、親から〝勝ち組〟になることを「負けたら惨めな人生になる」という恐怖としてインプットされてきた子どもには、人を思いやる心は育ちにくい。また、早くから脱落者を自覚させられている子どもは、「そんなこと関係ネーヨ」となるだろう。

しかし、ここまでいじめがはびこっている今の子どもたちの状況は、そうしたとらえ方だけでは説明がつかないところがある。そこで突き当たるのは、現在の子ども社会には「強者の論理」だけしかないのではないかということだ。

そうであれば、弱者としての自分は絶対に否定されなければならず、いじめられた過去は弱さを思い出させるものとして厳重に封印される。同時に、他者の痛みを想うような感受性も意識的に追放される。その結果、暴力によって人を支配する優越感と自己充実感が、疑いのない価値として広範に広がっていく。「殴ったり蹴ったりしていると、何か自分が強くなったような、偉くなったような気がして気分がいい」という言葉が、疚《やま》しさを伴わずに出てくるのが、その証明と言えるだろう。

もちろん、昔から非行少年の世界は強者の論理が仕切ってきている。しかし現在は、小・中学校の子ども社会全体が、強者の論理に覆われている。いじめの常態化とは、多数の傍観者が強者になびいているということ以外の何ものでもないのである。

最近の学校では、暴力的ないじめは減っているようだが、ハブ（省く＝無視）という陰湿ないじめはより強まっている。グループからハブにされれば、「触らぬ神に祟りなし」とクラス全体から相手にされなくなり、決して誇張ではなく学校に生きていけなくなる。「触らぬ神」となるのは、その子に近寄れば排除したグループから白い目を向けられ、自分もハブにされかねないからなのだ。つまり、いつターゲットにされ弱者に落とされるか分からない不安が、過剰な自己防衛となって他者の痛みを想う感受性を追放させてきたのではないか。私にはそう思えてならない。

たしかに、殺意も未必の故意もない殺人は、未熟さゆえのものではある。しかしそこには、他者の痛みに対する感受性に蓋をせざるをえなくしている状況を放置してきた側の責任もある。見て見ぬ振りは、教師にも強者の論理に立っている者が少なくないからのようなのだ。

言うまでもないが、他人の痛みの分からない少年に被害者に対する罪障感は生まれない。どんな少年も何をやれば罰せられるかは知っている。暴行や恐喝が見つかれば警察に捕まることは分かっているし、殺人が重罪であることを知らない少年はいない。その暴行や恐喝をやるかやらないかは、相手に痛みや苦しみを与えることへの罪障感があるかないかにかかっている。

現実に働いている犯罪の抑止力は、他人の痛みが分かることによる事前の罪障感が衝動や欲望に作用する抑制力であって、規範や罰則といった他律的なものではないのである。その点については、元鑑別所所長であったD氏もこう指摘している。

「鑑別所に送られてきた少年に、自分のやったことをどう思うかと訊けば、だいたいは悪いことをした、被害者に済まないことをしたと言います。しかし、頭では分かったとしても、感情や情緒の面でそう感じられなければ、本当の罪障感にはなりません。私はそういう感じ取れる力を感性と呼んでいますが、最近の少年には罪障感や共感性という感性が乏しくなってきています。何よりもそのことを視野に入れて考えなければいけないと思います」

要するに、今の非行少年たちに必要な処置は、人間として欠落しているものを呼び覚まし土台を作り直すことにある。刑務所職員も経験しているD氏の話は次のように続いた。

「刑務所と言うと罰としての日常が重そうに思えますが。たとえば一六歳の少年にとって、少年院の一年と刑務所での一年ではどちらが大変か。私は少年院のほうが大変だと思います。少年院の矯正教育というのは、日々少年を自分と向き合わせ、問題は何かを自分で見つけろ、それを改めるように自己改革しろと迫ります。これは精神的にかなりきついところがあります。その点で言えば、刑務所は規律を守って言われたとおりやっていればいいんですから、精神的には楽です。少年院は甘ちょろい、何の効果もないと言う人もいますが、どこまで実態を知ったうえで言っているのかと思いますね」

幼児化した大人たち

正直に言えば、私は被害者の問題については、ほとんど話を訊いていない。というのは、すべての人たちが被害者の審判へのアクセスと情報開示は当然のこととしていたからだった。たとえば、A裁判官はこう語っている。

「被害者の問題というのは、はっきり言って司法の盲点だったと思います。家裁の裁判官や調査官は少年の心の問題という側面で、常に被害者を考えてはいますが、仕組みがなかったので被害者の側に手を差し伸べてこなかった。裁判官の中には、被害者側に情報を開示するなど審判過程に被害者を包み込んでいこうという意見を出している人もいますが、私も賛成です。ただ、被害者の応報感情を考えての罰則強化というのは賛成できません。本当に被害者を考えるなら、心のケアーのほうが大事だと思います。とにかく、被害者をかやの外に置いている状態は早急に改善すべきだと思います」

被害者に対する情報開示は当然だが、私は対社会的な開示も必要だと思っている。現在の少年法は審判をあまりにも聖域化しすぎており、それも少年法を問題視させる要素になっている。

国民に不安を抱かせるような重大事件については、少年自身への影響を十分に考慮したうえで、審判の内容はできるかぎり公表していく必要があるように思う。なぜなら、最近の少年事件には社会の病理にかかわってくるものが少なくないからだが、一方では、きわめて特異な事件を誰にでも起こりうるようにとらえてしまう危険性もあるからだ。

ところで、一口に非行と言っても暴走族のような暴力型非行と、それまで補導歴のなかった子の突発型非行は質としてまったく異なる。当然、この両者の法に対する意識は大きく違う。暴走族に属している子で鑑別所がどういうところか知らない子はいないが、後者の場合には少年法など頭にもない子がほとんどで、そういう子が重大事件を起こしているわけである。

しかし、制定された法は、その違いにかかわりなく一律に適用される。私が罰則強化に抱いていた疑問は、何よりもその問題だった。

また、そもそも思春期以降の少年には法を大人社会の秩序の象徴と見て反撥するところがある。旧来型の暴走族には、あえて法（警察）に楯突こうとするところがあるが、そこにはかつての学生運動にも共通する発達段階としての側面もあるということだ。

その年ごろの少年や若者が大人社会に反撥するのはいわば正常なことで、そうした異議の表明は国の将来にとっても意味を持つ。もし今、私が一七歳の少年だったとしたら、民主主義を掲げながら何ら言うべきことを言わず「ことなかれ」に終始している大人社会には激しく反撥することだろう。ただし、その年齢の子どもの抗議は暴力というかたちしかとりえない場合が多い。逆に言えば、若者たちのそうしたプロテストがなくなってしまったことが、現状のような停滞した社会をもたらしているとも言えるのである。

私たちが上の世代から教わってきたのは、非行にもその側面があるのだから「角を矯《た》めて牛を殺す」ようなことをしてはならないということだった。しかし最近は、そうした大人としての見地に立てず、子どもと同じ土俵で考えているとしか思えない人間が増えてきている。

罰則強化をめぐる議論では、非行をやっている少年たちの中には「何をやったって死刑にはならない。せいぜい少年院で、少年院なんてたいしたことない」と少年法を見くびって非行を重ねている者がいるという主張が、大真面目に言われていたのである。

一部の週刊誌はそんな話を載せていたが、はたして自民党少年部会の議員諸氏は信の置ける話としてそうした言葉を聞いているのかどうか、私には疑わしく思えた。そこで、少年法は甘いという言葉が現実に言われているとしたら、どこでどんな少年によって言われていると思うかと何人かの人に尋ねた。その問いに、F調査官はまずこう言った。

「暴走族や不良グループでは、少年院から戻ってきた少年は少年院出のハクがついて発言力が強くなります。そこでOBとしての体験談をいろいろ言うわけです。その場合、弱みを見せないためというか強がりというか、少年院なんてたいしたことはない、大変だと言ってもこの程度だなんて言うんですね。それを聞いた現役が、そのまましゃべるわけです」

そのような経路で伝わっているとすれば、なぜバイアスがかかるかもよく分かる。なお、それと同じ質問に対して、H調査官は苦笑しながら答えた。

「暴走族に戻った子はそういうふうに言うしかないですからね。間違っても勉強になったなんて言いません。本当に勉強になった子は戻りませんから。そこで戻った子は、調査官に反省してますと言えば短期の少年院で済むとか、うまくいけば保護観察で帰れるとか言うわけです。でも、それが本音かどうかは分かりません。だいぶ前の話ですが暴走族のリーダーだった少年が審判でワアワア泣いて反省して、あえて挑発的なことを言う面白い裁判官から、おまえ、今泣いてる姿を仲間に見せていいかと言われて、泣きながら構いませんと言っていたものです。そういうものですよ」

少年たちが口にしている少年法を甘くみる言葉は、要するに「請売り」というものだろう。しかし、そんな知識によって高をくくっていた彼らも、逮捕されて手錠を掛けられ、留置場に放り込まれ、鑑別所に送られという経過の中で、決してチョロイものではなかったと分かる。「捕まって処遇に乗っていくかたちになると、外にいるときとまるっきり違う顔になってくる」とF氏は言うが、そういうものだろうと思う。

では、鑑別所に送られた少年たちは罰則強化をどう受け取っているか。二〇〇〇年六月、東京少年鑑別所が入所中の少年二一一名（男子一九四名、女子一七名、平均年齢一七・二歳）に対して行った調査によれば、

・世間では、「少年は悪いことをしてもどうせ処分が軽いということを知っているから、非行をしているのだ」という意見があります。こうした意見をあなた自身はどう思いますか？

という問いに、一〇七名が「全然違う」、五四名が「やや違う」と答え、その理由を「悪いことをする時、後のことなんて考えていない」「非行をしたくてしている人は、多分そんなにいないと思う」としている。そして、

・少年法を厳しくしたら、非行をする少年は減ると思いますか？

という問いには、一一八名が「変わらないだろう」、一二名が「むしろ増えるだろう」と答えている。理由は「処分が重いとか軽いとかに関係なく、非行には他に原因や事情があるから」「犯罪をしている間は、後のことなど考えていない」「法律のことを考えて犯罪をする人はいない」というものだった。

おそらく、この答えは正直なものだろうと思う。初めに述べたように、取材したすべての人は

罰則強化に抑止力があると思うかという問いに「効果があるとは思えない」と答えた。では、現場の人たちが理由としているのはどういうことなのか。二〇〇〇年の三月、三八年にわたる少年係調査官の勤めを終えた寺尾絢彦《あやひこ》氏の見解は次のようなものだった。

「事件を起こす子どもというのは、少年法なんか全然頭にありません。甘かろうが辛《から》かろうがそんなことは関係なく、そのときの感情でワーッとやってしまうのが普通なんです。ですから罰則を強化すれば抑制できるなんていうのは、ナンセンスとしか言いようがありません。非行歴のない子は鑑別所と少年院の違いも分かっていませんから、一四歳で刑務所に入れるぞと言ってもピンとくるものはないでしょう。

捕まってもたいしたことないなんて言っているのは格好つけて言っているだけで、それを聞いている子どもにだって突っ張って言ってるなと感じている子どもはいるんです。子どもの言葉というのは、表面上の言葉の向こう側に違うものがあるんです。『うるせぇんだよジジィ』と言ったとしても、本当はビクビクしていたり、理解してほしいと思っていたりするのが子どもというもので、そのまま受け取る大人のほうが誤っているんです。表面的な言葉をとらえて騒いでいる大人というのは、子どもたちの目にどう映りますかね」

寺尾氏はそういう言い方はしなかったが、幼児化は大人の側にも広がっているようだ。

一人で生きる力のなさ

裁かれる能力

連載を始めて間もない二〇〇〇年一〇月末、少年法改正案は衆院本会議で与党三党と民主党、自由党の賛成により可決された。ここで何とも不可解だったのは民主党の対応だった。同党の法務部会は与党案の厳罰化に対する歯止めとして、刑事罰の適用には「刑事処分以外の処置で矯正の目的を達することが著しく困難な場合に限る」とする修正案を提出していた。

結果としてその修正案は否決されたが、そうであれば与党案には反対するのが当然であろう。ところが執行部は、「少年非行に甘いという見方が広がっては、参院選には不利になる」と賛成に回ることを方針として決定。そして、自分の党から一〇人もの退席者を出した本会議での採決後、鳩山由紀夫代表は記者団に対して「時の流れというか、厳罰化の流れに逆らうわけにはいかない」と語った。

では、二〇〇一年七月の参院選はどうであったか。ワイドショウ化した小泉フィーバーの中で叫ばれたのは「カイカク」「カイカク」ばかりで、私の知るかぎり少年犯罪を取り上げた候補は一人としていなかった。民主党の方針転換は何だったのかということである。

ともあれ二〇〇一年四月から改正少年法は施行され、一四歳の少年も刑事責任が問われることになった。そこで今後の法廷では、まず被告少年の「裁かれる能力」の有無が争われることになる。裁かれる能力の有無とは「刑事責任を問える能力」があるかどうかということだが、その刑事責任について、日大法学部の船山泰範教授は次のように述べている。
〈刑事責任というものは、人間の精神性を働かせる可能性があったにもかかわらず働かせなかったことについて、人間として責任を問うものである。人間が人間以外の動物と同じように欲望や感情のみによって行動するだけのものならば、責任を問う理由はない。そこでは単なる抑圧のみを考えれば済むことになる。したがって、責任を問うということは、人間を人間として処遇することを意味するのである〉(『人間の目でみる「刑法」』こぶし社、一九九七年)

現在の非行少年たちの場合、問題はここにある。前に紹介した相手の所持品を奪おうとナイフで凶行におよんだ少年自身についてのE調査官の話は、あまりにも特異なケースと受け取られた方もあるのではないかと思う。しかし、あの少年についての「自分がやったことがどういうことなのか、世の中から見てどうなのかなんていうことは全然考えていない。考えられないんです。被害者がいたんだということもよく分かっていない」というEさんの指摘は、程度の差はあれ現在の非行少年に共通しているようなのである。

逮捕されて家庭裁判所に送られながら、自分がなぜそんなことをやったのか、それが何を意味するかも分かっていない少年がいる。こう言えば、多くの人はまさかと思うだろうが、調査官にとってはそんな少年はごく当たり前のようなのである。

それはなぜなのか、と言うよりどうしてそうなるのかを、C調査官とのやり取りを要約したかたちで伝えてみよう。

考え方が分からない

「私たちは家裁に呼んだ子にも鑑別所で面会した子にも、自分のやったことについて考えてみなさいと宿題を出します。でも、今の子からはなかなか答えが返ってきません。考えようとはしているんですが、考えられないんです。というのは考え方を知らないからなんですね。ですから、考え方を伝えないといけない。たとえば、君はこういうことがなかったら、やらなかったんじゃないか。あるいは、こういうことがあったとしたら、やったかどうか。それをちょっと考えてごらんというかたちで言うわけです。そうすると、あのとき父親に怒られていなかったら、ちょっと違っていたかな、というようなことがやっと出てくるということなんです」

——思考方法というか、考えるための回路がない？

「そうなんです。考えるということの訓練がまるでされていませんからね。ですから私は、今の子には手を掛けなければいけないと思っています。学校の先生は、考えろ！　とやっていますが、考え方を知らないから考えられないんです。政治家は罰則を強化すれば考えると思っているようですが、考え方を知らないんだから、どうにもならないんですよ。

たとえば、引ったくりや恐喝をやった子は、だいたい金が欲しかったから取ったと言うだけなんです。万引きもそうで、欲しかったから盗りましたという子が多い。別に誤魔化そうというんじゃなくて、そういう言葉しか出てこないんですね。そこで、じゃあ君は欲しい物があったらいつでも万引きしちゃうのかな、世の中には欲しい物溢れてるよね、どうするの。いつも欲しい物があると万引きするっていうことだと、これはちょっと考えなきゃならないよねと刺激してみる。そうすると、そうじゃありませんというような言葉が出てくる。そこで、じゃあ何でこのときはやったのかなと考えさせるわけです。

そうなって初めて、そう言えばあのときとか、こんなことがあったからというのが出てきて、それをもう少し突っ込んでいくと、実は先輩から脅されていて取ってこいと言われたといったことが出てきます。そこで、先輩に圧力かけられた内容はどんなものだったのか、それに対してどう思ったのかといろいろ訊いていって、じゃあどうしたらいいんだろうと解決方法に考えをもって行けるんで、そんなふうに手を掛けなければダメなんです。残念ながら今は、一八、一九の子でもそうなんです。一四、一五の子は当たり前なんですけど……」

——どうしてそうなってしまったのでしょうか?

「それはいろいろあると思いますが、一つは自分として何かをやる、そのために考えるということがないからだと思います。みんなに合わせて、みんながこうだからとやっていれば考える必要はありませんからね。それともう一つは、何か問題を起こしたとき、親や先生は、何でそんなことをやったと怒ります。もちろんバチッと叱らなければいけないんですが、それと同時に、どういう気持ちでやったのかを聞かなければいけない。そうすれば考える道筋がつくようになるんですが、それをちゃんとやっていないからだと思います。

私はさっき言ったやり方で面接しているんですが、親が同席しているときは、びっくりするんですよ親御さんが。もちろん、いつもじゃありません。うまくいった場合ですけどね。そこで初めて、ああ、そういうことだったんだと分かるんですね。そして『ああいうふうに言うと、子どもってしゃべるんですね』って言うんですよ。その分かったことを家庭に持ち帰ってくれれば、何かあったときに対応できるんです。親御さんは、一つの基準を持ってきちんと叱ることができなければいけませんが、それと同時に子どもの気持ちを聞いていく耳と姿勢がないといけないんですが、それがなくなっているんです、今は」

——被害者に対する謝罪の気持ちは？

「初めから被害者に申し訳なかったという気持ちが出てくる子はまずいませんし、最後まで出てこない子もいます。それが心から出てこなければダメなんですが……」

——それも手を掛けなければ分からせられない？

「そうなんです。時間をかけて面接していって、自分がそういうことでやったんだということがある程度分かって、たとえば何かの腹いせでやったということを自覚したとします。そこで、被害者の人は君に何か悪いことをしたんだろうかということを、そういう言い方はしませんがちょっと伝えるわけですね。そうすると自分が起こした問題は、本当はそれとは別の親子関係の中で解決することだったり、友だち関係の中で解決することだったんだ、そのことを全然関係のない他の人にぶつけてしまったんだということが分かって、そこで悪かったという気持ちが出てくるわけなんです。

そうなったところで、窃盗なんかの場合は、相手に悪いということもあるし、それでは世の中がメチャクチャになっちゃうんだということを、なるべく分かりやすく伝えます。そうなってやっと、関係のない人に迷惑を掛けちゃったんだという本当の反省が出てくるんです。そこまできれいにいく子は少ないですけどね」

児童福祉や教育の世界では、「子どもの心を開かせる」という言い方をよく耳にする。そして多くの人はその言葉を、大人や社会に対する不信から固く閉ざしてしまっている心を開かせることと理解しているように思う。もちろん、それもあるだろうが言葉にできないという問題のほうが大きいのである。

実を言えば、かつて私も養護施設出の少年を取材して散々に手こずり、コミュニケーションの基本となる部分が損なわれているという意味で表現力障害児などという言葉を使っている。しかし、その少年の場合は幼いころから施設で育ってきたという環境の問題がある。普通の家庭に育った子どもがどうしてそうなるのか、私には不思議でならなかった。

ともあれ、信じられないほどの幼児化と言うよりないのである。その思いは調査官も変わりはないようで、G調査官はこんな言い方をした。

「今の高校生というのは一〇年前の中学生でしょうね。中学生は小学生ですよ。とにかく幼い。そこには堪え性がないというようなことも入ってくるんですが、何よりも考え方が幼いということです。とくに男の子がそうですね」

たしかに、中学一年が小学校三年と同じと考えれば、なるほどと分かる気もする。そしてG調査官は、さらにこう付け加えた。

「言葉の表現があまりにもできない。たとえば、人を殴って怪我をさせた高校生が相手に謝罪するときに書いた言葉というのが『ボクは〇〇クンにかわいそうなことをしてしまいました』というものなんです。強盗致傷という事件を起こしておいて、そういう表現しかできない。それを悪びれずもせず『ボクがいっしょうけんめい考えた文章です』と出してくる。本当にどうなっているのかと思いますね」

表現力もさることながら、人間としての感受性そのものもひどく未熟なようなのである。

感じないから考えられない

首都圏にある家庭裁判所や少年院の調査官や職員で、「憩いの家」と三好《みよし》洋子という名を知らない人はまずいないだろう。東京世田谷にある自立援助ホーム「憩いの家」は、家庭崩壊によって養護施設などで育った少年たちの自立を助けるための民間施設なのだが、家庭裁判所の審判で試験観察とされた少年や、少年院を出た保護観察中の少年も受け入れている。

はっきり言って、もっとも扱いの難しい少年たちである。しかも、その少年たちに仕事を探して職場に通わせ、挫折しがちな自立を物心両面で支えているのである。

寮母として、そのような少年たちと寝食をともにしている三好さんは、先の「考えられない」という問題について、まずこう言った。

「考えるためには感じられなければならない、感じられなかったら考えられないんです。黙っているのは感じていないから言葉として出てこないんです。だから私は、まずそのときどう思ったかを訊きます。すると二時間ぐらい沈黙が続く。そして答えたら、次の問題についてまたどう思っていたかを訊く。それでまた二時間ぐらい黙っていて、朝まで膝を突き合わせていたこともあります。黙っていても子どもの心は動いているんです。こちらも黙っているのは、感じさせて考えさせたいからで、返事があればいいというものじゃありません。まず感じること、それが考える手掛かりになるんです。そういう子というのは、考える手掛かりがないだけじゃなくて、理解する手掛かりとか、生きるための手掛かりとか、いろんなことに手掛かりがないんです」

この手掛かりがないということは、C調査官が言った「今の子には手を掛けなければいけない」という言葉にそのまま照応する。しかし、なぜ手掛かりがなくなっているのか。

「暮らしがなくなっているからだと思います。施設で育った子は本当の暮らしがないから感じなければならないことを感じられなくなっているんですけれど、今は普通の家庭の子もそうなっている感じがします。だから私は、家庭教育ではなく家庭生活を、学校教育ではなく学校生活をと言っているんですけどね」

そう言った三好さんは、さらにこう言葉を継いだ。

「感じられない子の中には、感じたら傷つくからと感じることを拒否している子もいるんです。母親や教師や仲間から受ける屈辱が増えてくると、それを感じなかったことにしちゃうんですね。だから、感じること自体を避けようとするんです。でも実際には傷ついているから無意識の部分には抑え込んだものが残っていて、そのマグマが溜まりに溜まると爆発する。でも意識として自覚できないことだから、ブレーキも何も効かないし、自分でも何でやったのか分からない。よく分かりませんが、受け止めきれない恐怖や屈辱を体験すると、そのときの意識や記憶を缶詰みたいに密閉するような気がするんです。けれどもそれは消された記憶じゃないから、缶詰の中からコトコト本人を苦しめ続ける。本人は何が自分をつらくさせているのか分からないけど、苦しいので行動を起こしてしまう。うちにくる子を見ていると、そうじゃないかとしか思えない子もいるんです」

なぜそんなことをやったのか自分でも分からないというケースには、あるいはそういうこともあるのかもしれない。とにかく、考えることはおろか、感じるはずのことを感じることもできない少年に、〈人間としての精神性〉という物差しを当てられるかどうかである。

改正された少年法では「二年以上の懲役・禁固に当たる罪や、故意の犯行で被害者を死亡させた事件では、審判に検察官を出席させることができる」ことになった。つまり、三好さんが言うような少年でも、罪として重いとなれば検察官に尋問されることになるわけである。

国会でいったんは廃案となったこの検察官関与の問題には、調査官はもとより弁護士からも強い反対意見が出されていた。そのもっとも大きな理由は、「審判は、懇切を旨として、なごやかに、これを行わなければならない」（第二二条）とする少年法の基本的なあり方が損なわれるということだったのである。

しかし、この意見に対しては「怖い人が目の前にいるから真実を言えなくなるという単眼的な見方は、あまりに子ども観が幼い」（「やるならこうやれ、少年法改正」『論座』二〇〇〇年一〇月号）と言う人もいた。この言葉を家裁の裁判官や調査官はどう聞くか。おそらくほとんどの人が、「どこまで実態を知ったうえで言っているんでしょうかね」と苦笑することだろう。「懇切を旨とし、なごやかに」は決してきれいごとの理念ではない。そうでなければ真実を明らかにできない現実から求められているのである。

用意されている反省

私は少年非行の現実を考えるから、このようなものを書いている。しかし、なぜか理念派とか人権派と見られているようで、そう見る人たちからすれば「単眼的」で「子ども観が幼い」ということになるのかもしれない。

なかなか犯行を認めないしたたかな子は昔からいるが、たしかに最近の子にはひどくドライなことを言う子やこましゃくれたことを言う子が増えている。そのへんを「複眼的」に見れば、成人と同じ刑事裁判の法廷に立たせても問題はないということになるのかもしれない。ただ、それが本当に厳しいことになるのかどうか、私はその現実のほうを問題にする。

ここ一〇年ぐらい前から言われ出した「いきなり」型非行というのは、必ずしもいきなりではなくそれ以前からやっていた非行が摘発されなかっただけというケースが少なくない。

ただ、この「いきなり」型のもう一つの特徴は、その少年が進学校などレベルの高い学校にまじめに通っているいわゆる「いい子」「普通の子」で、両親ともに高学歴で経済的にも豊かだという何の問題もなさそうに見える家庭の子である場合が少なくないということにある。

調査官は犯した非行の軽重はもとより、どんな少年であれ等しく扱う。しかし、内心もっとも眉をしかめているのはこうした少年のようなのだ。それはいったいなぜなのか。寺尾氏は、「若き調査官に」と副題された『少年係調査官覚え書き』（私家版、二〇〇〇年）に次のように書いている。

〈礼儀正しく、すぐ反省して謝り、表面上はきちんと受け答えする非行少年。その親は、ただただ「あの子は本当に優しいいい子なんです。わが家は会話もあるし一家団欒もあります。本当に魔が差したとしか思えません」と繰り返す。経済的にもまずまずだし、学校でもおちこぼれているわけではないし、一見問題はなさそうに見える、そんな子どもに出会うことが多くなりました。しかし、何か変なのです。被害者の立場に立って考えることや、社会人としての約束ごとがまったく分かっておらず、自己愛が強く、それを傷つけられたり自分が非難されたりすると極端に反発し行動する親子なのです。主体性がなく依存的で未熟、内面は幼児のような少年たち、彼らはどうしてこんなになってしまったのでしょうか〉

それに続く言葉は後に伝えることになると思うが、このタイプの少年についてはH調査官もこう述べている。

「最近の子の中には、何でこういう事件を起こしたか考えてみろと宿題を出すと、すぐその場で

『それは僕が……』と答える子がいます。こちらは考えさせようと思うから言うわけですが、改めて考えようとはしない。基本的には自分のやったことはたいしたことじゃないと思っているんです。だから本当の反省じゃなくて、こういうときにはこういう態度をとればいいと学習しているものが、すらすら出てくる。たとえば、集団でひどい暴行を加えた場合でも、あいつは殴られてもしかたのない奴なんだという意識が根を張っていて、本音のところではそれでいいと思っている。言葉としては悪いことをしたと言いますが、被害者の気持ちはどうだったろうかと深めていっても、感じていなければならないはずの感情が出てこない。反省というのは、自分が捕まってつらい思いをしているという、そのことからしか出ていないんです」

そんな少年こそ根性を叩き直す必要がある、そう考えるのは私だけではないはずである。寺尾氏もH調査官も、その少年がどんな非行をやり、どのような処分を受けたかは語っていないが、多分その調査票には人間としての歪みを矯正するための処分が求められたことだろう。

また、多くの非行少年と接している裁判官に、少年のそのような問題点が見抜けないはずはない。そうなれば、少年院送致も含めてかなり厳しい処分が言い渡されることになる。

しかし、初犯であっても窃盗が悪質だったり、傷害の程度がひどかったりということで裁判官が検察に逆送した場合、刑事裁判で申し渡される刑はごく軽微なものでしかない。しかも、ほぼ間違いなく執行猶予がつく。それが罪刑法定主義の〝相場〟というものなのである。

二〇〇〇年の一一月、私は旧知の間柄にあるJ調査官から、鑑別所で少年法改正を伝える新聞を読んだ暴走族の少年が「逆送が増えたらいいじゃん。金でケリがつくもん」と言ったという話を聞かされた。

逮捕されたのは初めてでも前から暴走行為を繰り返していた少年は、だいたい少年院送致を覚悟している。だが、二〇歳《はたち》をすぎた族の先輩からは、「道交法違反の罰金は一〇万円。それで済む」と聞かされているのである。

改正法の「故意の犯行で被害者を死亡させた十六歳以上の少年は、原則として検察官に送致しなければならない」という条項には、たしかに「犯行の動機や態様、少年の性格や年齢などを考慮し、刑事処分以外の措置が相当だと認めるときは、この限りではない」というただし書きがついている。しかしA裁判官は、そうなった場合の現実をこんなふうに危惧していた。

「日本の刑事裁判は、はっきり言って検察主導になっています。少年審判にも検察官が関与するとなれば、これまでの審判に裁判官が持っていた裁量権が心理的に狭められる恐れがあります。つまり、面倒になりそうな事件は、初めから検察に逆送してしまえということになりかねないということです」

これまで見てきたように、現在の非行少年には〈欲望や感情のみによって行動するだけの〉人間になれていない少年が少なくない。そのような「裁かれる能力」を欠いた少年を成人と同じ刑事裁判の法廷に立たせようというのは、滑稽なあがきとしか言いようがない。しかも、その厳罰化の実態は必ずしも厳罰化と言えないだけではなく、これまでの保護主義が持つ厳しさを弱めることになりかねないのである。

一人で生きる力のなさ

家庭裁判所や鑑別所、あるいは警察の少年係など少年非行にかかわる人たちの間では規範意識という言葉がよく使われる。規範の意味は「のっとるべき規則。判断・評価または行為などの拠るべき基準」（広辞苑）となっているが、人間が社会に生きていくためのルールを守ろうとする意識と解していいだろう。それがどこまであるかを問題にするわけである。

一人ひとりの意識の問題だけに、本当に薄まっているかどうかは分からない。ただ、現象から見れば薄まっているように思える。そこで道徳教育の復活が言われるわけだが、それだけを問題にするのはそれこそ単眼的ではないのか。私にはそう思えてならない。

たとえば、今の子どもたちに共通する特徴についてC調査官は次のように語っている。

「最近の子どもたちの周囲の目に対する敏感さ、と言っても同年齢集団の目に対する敏感さなんですが、それはちょっと異常なものがあります。たとえば、一人で昼ご飯を食べていたとすると、あの子はかわいそうな子だとか友だちがいない子だとか、そういうふうに見られるんですね。そして、それがすごくつらい。だから、誰でもいいから仲間がいるほうがいいとなります。私は少年係になって一三年になりますが、かつての子はそれほどまわりの目を気にしていなかったと思います。何より感じる違いはそのことですね」

話によれば今の中高生は、登校するときも仲間同士で待ち合わせて行き、昼食も一緒に摂り、帰るときも一緒に帰るという。それはとくに女子に強いが、最近は男子も同じで、一人でいるつらさから不登校になったり、非行グループに入ったりするケースもよくあるようなのだ。

この状況こそが問題と見ている調査官は多いようで、G調査官の口調には明らかにそう思わせる響きがあった。

「今は中学生はもちろん小学校高学年ごろから群れていないと不安で、そこにしか生きる世界がないんです。行動規範は仲のいい友だちグループの中だけで決まっちゃって、そこから弾き出されたら生きていけない。それはとくに女の子にひどいです。三人グループでいたのがそこから外れたら教室にも居場所がなくなってしまう。そんなふうに、たがいが縛り縛られ合っていて、やれ携帯だやれメールだという〝つながってなくちゃなんない症候群〟がいよいよ強まっていますから、自分の時間なんか持ちようがない。逆に言えば一人で行動できないようになっていて、それがフツーの子として安心できる状態になっているのが現状なんです」

考えてみればおそろしく視界の狭い世界で、これでは社会常識などとは無縁になる。だが、仲間グループかせいぜいクラスまでしか関心領域を広げない社会をつくっているのは子どもたち自身なのである。

また、それにも増して異様に感じるのは、今の子どもたちの交遊関係が、きわめて強迫的な心情によってつくられ保たれているということだ。いったい、なぜそこまで強迫的になるのか。C調査官の見解はこういうものだった。

「一人でいられる力というのがひどく落ちているんです。それで、一人でいることの不安が強くなって、みんなつるむ。その結果、一人でいる自分というのは駄目なんじゃないかと思うようになる。学校の指導要録なんかも明朗、快活、協調性ときてますからね。要するに、みんなと仲良くできるということにウエイトを置いていて、一人でいられる力というのを学校も親もあまり大事なことと見ていないし、育てようとしていません。もちろん協調性は大事ですが、その根っこにあるのは、一人で生きていける力と、それとともに人とかかわれる力、この二つをバランスよく身につけることだと思うんです。その観点がなくて協調性ばかり評価されるから、子どもたちもそこに価値を置くようになるんです」

一人でいたくない、仲間外れにされたくないという意識がそこまで強いとすれば、仲間が言うことに対して自分は違うと思うということはなかなか言えなくなるのではないか。「そんなこと言えないですよ」と言ったCさんに私が重ねた質問は、だったら規範意識はどうなるかということだった。

一人でいるのがつらいからと仲間と群れる。その仲間が万引きをやっていて自分が誘われた場合、悪いこととは知っていてもそれを咎《とが》めたり拒否すれば仲間から外されてしまう。つまり、規範意識がないのではなく、規範意識を通用させない状況になっているのではないか。

悪いことをやって警察に捕まるリスクよりも、仲間を失うリスクのほうを大きく感じているとすれば、自分で自分の規範意識に蓋をせざるをえなくなる。いかに規範をやかましく言おうと罰則を強化しようと、この状況が変わらないかぎり何の意味もない。

「そのとおりなんです。もちろん私たちは、善悪の判断と人に迷惑を掛けることは自分で背負わなければいけないんだということを言います。でも、私がそれ以上に言っているのは、一人になってもいいじゃないか、一人でいることは決しておかしなことじゃないんだよということなんです」

いじめが生む力の絶対視

非行グループに入って暴行行為を繰り返し、傷害事件を起こして逮捕された少年。そのようなケースの場合、多くの人は性格的に暴力指向の強い子どもだと考える。そのため「そんな子は刑務所に入れて叩き直さなければダメだ」という主張を受け入れるようになる。

もちろんそういう子もいるが、すべての子が暴力的な性格の持ち主というわけではない。では、もともとそうでない子が、どうして暴力を振るうようになるのか。保護観察官I氏の話は、言い方は違うが「一人で生きる力のなさ」を指摘するものだった。

「今の子どもは孤独には耐えられません。一人で何か目標を定めてやっていかれる子というのは、きわめて少ない。ほとんどいないと言っていいでしょう。だから、一人だけ完全に無視されたら、その子は学校に行けなくなり、引きこもりになります。ただ、学校の中で相手にされない子は一人だけじゃありませんから、その子たちが群れるわけです。そのグループが、ほかの生徒に暴力を振るったり、教室の中でめちゃくちゃに暴れたりして収拾がつかなくなる。現在の学校の荒れというのは、そういうかたちで起こっているということです」

いじめと非行の問題は、一般にはいじめをやるのが非行少年と思われているが、暴力的な非行をやっている少年の中には小学校時代や中学の早い段階でいじめに遭っていた子が少なくないという。いじめられた経験はどの子にとってもつらかったはずだが、それがどのような経過を経て暴力を振るう非行へと転化していくのか。ある調査官は、現実にあったケースを次のように語ってくれた。

「その子は小学校から中学にかけてハブにされるといういじめを経験をしているんですが、中学の担任には恵まれて、『この子は学校に来させると精神的におかしくなる危険性があるから、しばらくは家に置いたほうがいい』という助言に従って不登校を続けていました。ところがそのうちに、友だちがいない淋しさに苛立って、母親にひどい暴力を振るうようになりました。そして、たまたま外に出たときに暴走族グループに声を掛けられ、話をしてくれた嬉しさに『友だちができた』と舞い上がって、付き合い始めます。もちろん母親は、子どもの変わりように驚いて担任の教師に相談していますし、付き合いをやめるように言っています。しかし、とにかく家庭内暴力を避けたかったのでしょう、結局はバイクを買ってやっています。

族の一員になったその子は、仲間に認められようと過剰に突っ張って、グループを抜けようとした子を殴ったり、中高生をカツアゲしたりしています。いじめに遭っているから、同世代の子が自分をどう見るかということに異常に敏感になって強がるんです。そんなふうにどんどん暴力をエスカレートさせて、ついに傷害で送られてきたわけです。やったことは軽くありませんが、もともとはそういう子じゃないので試験観察にして様子を見たんですが、やめさせるところにもっていくまでが大変でした。今の子は一人でいることに耐えられませんから、一人にされた場合は、結局はつるんで非行になるか、自分を壊してしまうことになるんです」

いじめを受けた子のほとんどは、その事実を親に話そうとはしない。第三者に知られることは、自分のプライドを傷つけ、さらに心の傷を深くすることになるからである。しかし、どうにも耐えられなくなった子が、ことさらさり気なくそれを言ったとき、親の多くは「あんたにも悪いところがあるんじゃないの」という言い方をする。

この場合、一人で生きられない今の子どもには二つの道しかない。自殺を含めて自分を殺してしまうか、非行というかたちで開き直るかである。そして、過激に開き直った子は、相手を叩きのめすことによって自分を回復する。むろん当人はいよいよ力を絶対視するようになり、周囲の子どもたちも結局は力だということを認識させられる。

周囲の子どもたちも暴力をいいとは思っていない。しかし大人が言う「暴力はいけない」という言葉を、その子たちの多くは「現実に立脚していない考え方」ととらえているのではないか。なぜなら、いつまでもいじめがなくならないのは、子どもたち自身が正しいことを正しいこととして通用させていないから、つまり、いじめや暴力を集団には避けられない現実として、一人にされることを恐れるからである。

それでいて子どもたちは、正しいことが正しいこととして通用することを望んでいる。この矛盾は、子どもの側に人間は一人で生きていかなければならないという自覚がまったくないことから生じている。そしてそれは、家庭も学校も自立させるための教育を意識すらしなくなっていることのツケ以外の何ものでもないのである。

学校でのいじめは、日本だけでなくアメリカやヨーロッパにも広がっている。先進諸国でおしなべて子どもが弱くなっているということは、豊かさは子育ての基本を忘れさせるということなのだろう。

金がついてまわる非行

一流校を目指している受験生は別として、勉強がたいしたことではなくなってしまった今の中高生は、仲間との付き合いが最大の関心事になっている。そこで、遊ぶための金、流行っている物を買うための金が、小遣いの枠ではまかないきれないほど大きくなっている。そのため高校生は何よりもアルバイトに精を出し、放課後にバイトを二つやっている子も珍しくない。

長引く不況にもかかわらず子どもの生活だけが豊かなのは、いまや最大のマーケットとなった子ども市場に送り込まれるゲームソフトやケイタイなどを子どもも社会の必需品にさせてしまった親の甘さにある。しかし、そうした周囲の豊かさは、常に金に対する〝飢え〟を生む。そこで、使える金の少ない子はもとより、そうでない子も短絡的に金を得ようとする。

先進国がいずれも少年の恐喝や窃盗に手を焼いているのは、いわゆる「札付き」以外の少年による犯行が増えているからだという。おそらくそこには、どうしても金が必要だというわけではない潜在的な金への飢えがあるからではないか。先にE調査官が語ったオヤジ狩りをやった少年の場合に見るような「お金を取る動機というのもそんなに強くなくて、あればあったほうがいいという程度」というのは、それを物語っているように思えるのである。

子どもの変化について尋ねた私に、保護観察官のＩ氏がかつての非行との違いとして指摘したことは二つあった。

「昔と違って何事にも金がついてまわるということです。ケンカで一発ぶん殴ってそれで終わりというのではなく、その後に金がついてくる。しかも、その額に大きな金額が目立つようになっています。名古屋であったいじめ事件の五〇〇〇万という金額には私も驚きましたが、今では一〇〇万や二〇〇〇万では驚かなくなりました。最近ではちょっとしたことでも一〇万という額が出てきます。悪口言って一〇万なんていうことになったらえらいことですが、そうなってきているんです。それで、結局は被害が被害を生んでいくわけです。被害者が加害者になって次の被害者をつくり、その被害者がまた加害者になって次の被害者をつくりという連鎖が生まれているのが今の非行の特徴と言っていいと思います。

とにかく、子どもたちの世界に金の話があまりにも蔓延しすぎていて、なにかにつけて金の問題になる。揉め事なんかの場合は、ヤクザの世界がそのまま子どもの世界に移った感じで出てくる。要するに、金による手打ちです。結果として、被害と加害の区別が明確ではなくなっているというのが、実際にやっていて感じていることです。これには、大人の社会も反映しているでしょうが、私は子どもたち自身によって子どもの世界の中でつくられたものだと思います。主演も共演も観客もすべて子どもたちですからね」

いじめで金を脅し取られているケースは、子どもも親も被害が大きくなることを恐れて「ひたすら嵐が過ぎるのを待つ」姿勢になるため、なかなか表立たない。それだけに実数は大変な数になっているようだが、被害者が被害者のままで終わるとはかぎらない。H調査官は、それを逆のかたちで証言する。

「今の子には我慢というのが足りなくなっています。遊ぶためであれ物が欲しい場合であれ、金がいるというそのことを我慢しないで、じゃあカツアゲでもするかと短絡的に考える。そして、やることにあまり躊躇しない。なぜそうなるのかと言いますと、そういう子には金を貸してくれと言われて取られたり、見知らぬ人間に殴られて金を取られたりしていることが多いんです。そしてそのとき、まわりに相談してもきちんと取り合ってもらえなかった、あるいは警察に被害届けを出しに行ったけれど相手にしてもらえなかったということも経験している。そこで、そのくらいやっても捕まらないだろうと、あまり躊躇しなくなる。短絡的にやるということには、そういう背景があるということです」

要するに、恐喝の学習が連鎖的に行われているということだが、ここにはヤクザもかかわっている。一九九九年から二〇〇〇年にかけて神奈川県に少年の恐喝事件や強盗事件が多発したのは、暴走族の抗争事件で少年が一人死亡したことに発している。

この抗争にヤクザが仲裁の名で介入し、一説によれば一〇〇〇万円近い金が手打ちのために集められたという。一〇〇〇万はともかく何百万という金が動いたのは事実のようで、その際、暴走族はもとより傘下の非行グループの裾へ裾へとカンパが課せられ、末端の子どもたちも五万、一〇万と上納させられた。恐喝や強盗が増えたのはそのためだったのである。これによって子どもたちは、「ルイヴィトンのバッグを持っている女は金持ちだ」といったことを学習し、以後も中年女性を襲う引ったくりが続発することになる。

ところで、非行の変化として保護観察官I氏が指摘したもう一つは、伝統を引き継いでいると見られている暴走族にも自立性がなくなっているということだった。

「昭和の時代には暴走族になるにしても不良になるにしても、「デビューするという考え方がありました。あちら側の世界からこちら側の世界に移るときを、デビューと言うんです。そして、デビューのいちばん正統的な時期は中学の二年でした。中学三年のデビューというのは軽く扱われ、高校デビューというのは全然ダメだったんです。ところが、今はこのデビューがない。

それがないということは、覚悟がないというか心構えがないということなんです。昔は、暴走族だったら中学二年でデビューして、一七で引退して二〇歳《はたち》のときにはきちんとした仕事をしていなければいけないというところがあったんです。三〇にして立ち四〇にして惑わずじゃありませんが、そういう彼ら自身としての年代観みたいなものがありました。だから、入っているときは暴走族一途に命懸けで、リーダーになった子は何百人でも何千人でも俺が束ねるという気概でやっていたものですが、適当な時期になったら引退する。そこで、はっきり関係を絶ってしまう者と、OBとして残る者とに分かれる。OBとしてぐずぐずしている中途半端なのがヤクザになるわけです。つまり、暴走族であってもきちんとした子はヤクザの世界じゃなくて大人の世界にちゃんと行っている。それが、彼らが描いていた人生設計だったんですね。そのためには中学二年のデビューが必要だったということです。要するに、自分として考え自分として生きていく力があった。しかし、今の子に自分の将来像を描けている子はまずいません。やっていることは同じワルでも人間としての質は同じじゃない、それをつくづく感じます」

性が軽くなる理由

世の大人たちの中には、女子中高生の援助交際に嫌悪感を隠さない人が少なくない。しかし言うまでもないことだが、援助交際は彼女らを買う大人たちがいるから成立する。買う者が誰もいなければそのような現象は起こらないわけで、まずは買う側を問題にするのが〝大人〟としての理性というものだろう。ところが、最近の大人にはその程度の理性も持ち合わせていない人間が増えているようで、一方的に売る側をなじる慨嘆ばかりを耳にする。

当然のことながら、非行の現場に携わっている人たちの買う側に対する怒りは激しい。G調査官の言葉をそのまま伝えれば、

「これだけは言っておきたいと思うのは、援助交際の女の子を買う馬鹿な大人を何とかしてくれということです。いい加減にしろですよ。現場で少女の事件を担当していると、こんなにたくさんの大人、それも父親の年代である五〇代・六〇代が買っていることに、本当に腹が立ちます。捕まったオッサンたちの供述調書は、おぞましいの一語ですよ。まさにエゴ丸出しで、いかにそういう女の子とやりたかったか、その子たちに安らぎを求めていたかといったことを、恥ずかしげもなく赤裸々にしゃべっている。あまりにも醜い。何を言おうと言い訳にすぎないということが分かっているのかどうか。ホント情けないですよ」

というものなのである。この場合、男という生き物はそういうものだという見方もあるだろう。性の対象に若い女性を求めるのは、なるべく多く自分の種を残そうとする遺伝子の仕組みがあるからのようで、その作用によるらしい性的な衝動を感じることは私にもなくはない。しかし、ここまで社会問題化しているにもかかわらず少女買いをやめられないというのは、正常な抑制力を欠いた人間と見た方がいい。そうであれば、社会的に処断するしかないわけで、ここにこそ「厳罰化」が必要だということだ。

ことの順序はそういうことだが、問題が売る少女の側にもあることは言うまでもない。ただし、援助交際をやっている子には非行グループや暴走族にかかわりを持っている子が多く、その関係性を抜きにして考えては子どもを見誤ることになる。「憩いの家」の三好さんによれば、

「うちにくる子にも援助交際で捕まった子はいますけど、そうじゃない子もエンコーはやっています。非行やってる子にはエンコーは常識ですから。それでも私は、なぜやったのか訊きます。そこで多いのは、お金を上納しなければならなくなってやったというケースです。一週間の間に一〇万持ってこいとか言われてね。女の子にそんなお金はあるわけないから、エンコーをやって作るわけです。前にいた子は中学の卒業生にお金を渡すために、一〇人の男と寝たと言ってました。暴走族というわけじゃなくて、グループの先輩後輩という関係なんですが、ワルの先輩に目をつけられて脅されたんです。そういう話は、もうずっと前からですよ」

ということなのである。中にはブランド品を買うためにやっている子もいるが、初めからそれが目的でやったというエンコーは少ないようなのだ。援助交際は少女の側にかなり危険なところがある。金が欲しいからといって、そう簡単に踏み切れるものではない。第三者がどう見ようと、本人としてはやらざるをえない理由があってのことなのである。そうした個々の事情を知っている三好さんや家裁の調査官には、十把一絡げに「消費的な欲望のために」と非難している識者や評論家の言葉は、さぞかし腹立たしいことだろう。

とは言え、援助交際をするためにはそれなりの性交渉を経験していなければならない。その意味で私は、一五、六歳の少女がそこまでの性経験をしていることのほうを問題と感じていた。おそらく複数の相手と寝ているのだろうが、それが平気でできるほど性が軽くなってしまっているということである。いったい、どうしてそうなってしまったのか。

Ｇ調査官がそこで言ったことは、これも幼児化というだった。

「これまでの発達心理学では、子どもは小学校の二年ぐらいから男女別々の遊びになって離れていくとされていました。そんなふうにいったん離れて、やがてまた一緒になるというのが普通の発達段階で、それが人類に何千年も続いてきた発達のプロセスだったわけです。ところが今は、幼稚園から小学校一年ぐらいの段階で男の子と女の子がじゃれ合っているようなことを、中１・中２ぐらいでやっています。質としてはじゃれ合いなんですが、体が成長しているからセックスになってしまう。幼さゆえのじゃれ合いが恋愛抜きの性関係を生んでいるわけです。

最初の経験は中１同士とか中２同士とか、同年齢が多いんです。どちらも興味津々《しんしん》、好奇心旺盛ですからやっちゃいますよ。処女や童貞に昔みたいな価値が置かれていませんからね。気にいった子ならいいやが、今の子どもたちの感覚です。私たちの時代には、異性ということに神秘的なものを感じて、相手を尊重するところがありましたが、今の子はそういうことをまったく感じていない。男も女も『どうせこうだろう』と相手をなめています。それはとくに、男に安っぽく体を与えてしまう子、エンコーで体を売っている子に共通しています。要するに、本来はある程度精神的に成熟してから経験していたセックスが、幼児的な段階でやられているということで、問題の根はそこにあると思います」

われわれは、男に簡単に体を開いてしまう子や売春をしている子に、もっと自分を大切にしろという言い方をする。しかし彼女たちには、自分を大切にするということ自体が分からないようなのである。

G調査官は「今の高校生は十年前の中学生、中学生は小学生」と言ったが、かつて取材した都立高校の教諭Kさんは、今の女子学生の精神年齢は実年齢から一〇歳引いた年齢として考えたほうがいいとして、

「一六歳は六歳と言えばまさかと思われるでしょうが、女子高生にも流行っているキティちゃんがいい例です。あの人形の対象年齢はせいぜい小学校低学年までのはずです。援助交際なんかの性の問題について、大人はよく自分を大事にしろと言います。けれども、自分の将来を考えてマイナスにならないように身を守ろうなんていうことを、六歳や七歳の女の子に考えられますか。今の女子高生は仲間グループだけのごく狭い世界で、カワイーというような価値観だけで生きていて、社会なんていうのは関心もないし、まったく分かっていません。事実は、どうしようもないほど幼児化してしまっているというだけのことなんです」

と語ったものだった。大人の言葉が通じないのは、理解する能力がないためと考えたほうがいいようなのである。ただ、援助交際をやっていた子も、置かれた環境によっては変わってくる。三好さんは、その理由を次のように見ている。

「エンコーをやっていた子の中には、セックスが好きだからやってたと言う子もいるようですけど、私は本当かなと思いますね。うちにきた子でそう言った子はいませんから。だいたい初めは、あのオヤジからいくらふんだくったなんていう話や、ブランドものをどれだけ買ったなんて自慢話をしていますが、ここでの人間関係ができてくるにつれて言わなくなります。セックスが好きだとか、いくら稼いだとかブランドがどうだとか言っているのは、そう言って突っ張ってないと自分が保《も》たなかったからだと思うんです。それと、自分の心にあいている穴を塞《ふさ》ぐにはそれしかなかったんでしょう。結局、家族の中にいても、仲がいいと思っていた仲間といても、独りぼっちだったんですよ。だから、本当の人間関係ができて居場所ができると、必死になって自分を守ったり心の穴を塞いだりする必要がなくなる。そうなったときに初めて、エンコーやってるときはすごく嫌だったということが言葉にできるんです」

たしかに、そういうものではないかと私も思う。ただ、そこにはもう一つ、憩いの家という偽りを必要としない場で、初めて三好さんのような大人と向き合い、それぞれ仕事に出ているということも大きく作用しているように思う。つまり、それまでは意識の外側にあって自分とはカンケーなかった社会が、自分の中に入ってきたことで幼児性から脱皮していっているということではないのか、私にはそう思えるのである。

失われた育ち合い

神戸の児童連続殺傷事件が酒鬼薔薇聖斗《さかきばらせいと》と名乗る少年によるものと判明した折、メディアはこぞって「一四歳の心の闇」を問題にした。そして、その後に起きた佐賀のバスジャック事件でも、彼らは再び「一七歳の心の闇」に事件の鍵を探ろうとした。

しかし、前にも述べたように、親にも分からない少年の心の深部が周辺取材などで分かるはずはない。まして佐賀のバスジャックは、神戸の事件に共通する精神面に問題を持つ少年が起こした特異な事件であって、騒ぎ立てること自体が類似の事件を誘発しかねないのである。

私が「いい加減に心の闇はやめろ」とあるところに書いたのは、その懸念とともに事件を深層心理的にとらえたがる風潮にウンザリしていたからでもあった。私としてはそれよりも、今の子どもたちに欲望や衝動を抑制する力が衰弱していることを変化として考えていたわけである。ところが、それを言うために「心の闇」を口にしたところで、D氏（元少年院院長、鑑別所所長）は遮るように言った。

「言われている心の闇というのは、少年の中に闇があってわれわれが見えないということのようですが、それは違うんじゃありませんか。少年が闇の中にいて、彼がまわりを見ようとしても見えないということですよ。問題は一四歳なり一七歳を取り巻く〝白い闇〟なんです。それを言ったのは東大の佐藤教授で、私はすごいことを言われたと共感しました。黒い闇だったらある程度納得できるんですが、白い闇というは見えそうでいて見えない。それが今の子どもの状況で、これほど子どもにとってつらいことはないと思うのです」

私はこの言葉をさすがと感じた。ただ、D氏は少し思い違いをしていたようで、佐藤学東大教授の言葉は、次のようなものなのである。

〈今日の子どもたちが抱え込んでいる闇を「白い闇」と表現した教師がいる。かつての子どもの「黒い闇」が、その闇の由来を本人も教師や親も理解しやすい「闇」であったのに対して、今日の子どもの「白い闇」は、その「闇」の存在や由来を本人もまわりの大人も見出しにくい「闇」だと言う〉(「学びから逃走する子どもたち」『世界』一九九八年一月号)

教育の現場で「白い闇」がどのような意味で使われているか私は知らない。想像したのは、どこにも信じられるものがない状態の中で、それぞれが内申書のための「いい子」や、仲間のための「フツーの子」を明るく演じている嘘くさい世界の不透明さだった。

ただ、もう少し単純に考えれば、見えそうでいて見えないというのは、考えても分からない、自分の悩みが何によるかもはっきりつかめない、ということとも受け取れる。とりわけ、この年代には悩みが多いのである。ところが、困ったことに現在の子ども社会は、「今は悩むのはカッコ悪いとなっていて、悩みを打ち明けたりしたら友だち付き合いできなくなっちゃうし、下手をすればいじめの材料になっちゃいますから」

とG調査官が言うような状態にある。しかし、保護観察官のI氏は「悩みがないように振る舞っているだけで、葛藤はあるんです」と言う。ただしそれは、

「葛藤はあるんだけれど、それと正面から向き合って自分なりの解決策を探すということではないんです。考えるのにはエネルギーが必要ですが、そのエネルギーが持続しない。途中でもう考えるのやめたになって、そのまま居続けちゃうわけです。実際に話していると分かりますが、『ま、いっか』ですよ。とにかく、考えるエネルギーというか集中力が不足していて、葛藤がせめぎ合うということはないですね」

ということなのである。頭を使うというか考えることが不得手になっているらしいことは察していたが、悩みを悩めないというのはどうしてなのか。E調査官はこう見ている。

「悩むっていうのは自分とのコミュニケーションじゃないかと思うんです。ああも思うし、こうも思うしみたいに考えないと悩めないわけですね。ところが、言葉を使う能力がすごく落ちているから、自分の気持ちを言葉にできない。気持ちを客観化できないんです。ああかこうかと考えられるから悩むんですが、それができないから悩まない。今の中学生にはそういう子もいるんです」

そうであれば、ぼんやりと不快だという白い闇の状態にもなるだろうが、これと同じことはG

調査官も語っている。

「自分のやったことが何を招くかということが全然分かってない子がいて、そういう子との面接でいつも感じさせられるのは自問自答して育っていないということです。本人や親から過去の話を聞いていて分かるのは、もう一人の自分と対話するという経験を全然やってないということです。だから非行が止まらない。もう一人の自分がやめろと言う、そういうブレーキがありませんからね。つまり、自分の中での葛藤がないからなんです。悩みはあるんですが、悩み方が違うんです。自分との対話じゃなくて、自分が受けた心の傷や思い通りにならない不満を一人称的に思い悩むんです。一人称で考えるというのは考えることになりませんよね、行く先はだいたい復讐になっちゃう。とんでもないことをやるのは、そういうことの結果じゃないかと思いますね」

期せずして二人から出てきた自分との対話がないという指摘に、私はちょっと戸惑った。思春期というのは自分との対話ばかりやっている時期、やりすぎてジタバタするのが特徴の時期と言っていいのである。友だちの一言、あるいは読んだ本の言葉から、だいたいは自己否定的な自分との問答を繰り返すというのが、おおかたの思春期だったはずなのだ。だが、そう言った私に、G調査官は大きく首を振った。

「本なんて全然読んでいませんよ。まずそんな時間はないし、それに小説を読んでるなんていうことがバレちゃうと、暗いとかオタクだとか言われて、変わり者にされちゃう危険性がある。だから読んでることを知られること自体がすごく恥ずかしい。とにかくみなと同じじゃないことは白眼視されて排除されますから。だから、読んでいる子は隠れるように読んでます。昔のように小説が話題になるなんてことは全然ない。本当に貧しい世界ですよ」

それどころか、最近の中高生はコミックも読まなくなっているという。ところが、そんな子が鑑別所に入り「初めて字ばかりの本を読んで感動」したりするそうなのである。その感動とは、おそらく自分との対話による発見というものだろう。

では、自分と対話するためのもう一つの刺激である友だちとの付き合いはどうなっているか。寺尾氏は次のように述べている。

「私は鑑別所で面接した少年に親友と思える友だちはいるかとよく訊いたのですが、そんな友だちはいないと答えた子がほとんどでした。いつも会ってはいるけれど仲間として群れているだけなんです。しかも、友だちと付き合っていくことにかなり神経をすり減らしているようなんです。絶えず携帯を掛けたり長電話しているんですが、それぞれ自分の言いたいことを勝手にしゃべっているだけで、それで『そうそう』と言っているんですね。

一人がポンと言葉を投げて、それに答えるわけでもなく相手もポンと投げて、たがいに投げっぱなしのままなんです。きちんとした言葉のキャッチボールができないから、相談であれ何であれ嚙み合った話というのはできない。そんな空しい関係を破綻させないようにやっているわけですから、神経も疲れると思います」

私たち世代の場合、悩みというのはだいたい親しい友だちに打ち明け、ともに考えたものだった。しかし、今の少年や若者たちは、自分が傷つくことを極端に恐れ、悩みを洩らすことをカッコ悪いこととタブー化してしまっている。コミュニケーションの密度が薄まったのは何よりもそのためなのだが、それは必然的に思春期そのものを変質させた。寺尾氏の話は次のように続いたのである。

「思春期というのは、要するに自分を見つけるというか自分探しの時代です。だから、今の子も昔の子と同じように、自分はこれでいいのかというように自分を探すわけです。その場合、自分だけでは自分は探せない。相手がいませんとね。相手の目を通して、相手を鏡として自分を考える。自分の容姿を気にして鏡を見るのと同じように、内面的なものも同年齢の友だちからそれでいいと言われることで、自分を確立していくわけです。ただ、今の子ども社会の評価というのは、相手そのものに対する絶対的な評価ではなくて、全体の中でどのへんに位置するかという相対的な評価でしかありません。何事によらず順位をつけて、他人から評価されるのがいちばん多いのがいいんだとなっていて、友だちに対する評価もそうなっています。

昔は批判するにしろ肯定するにしろ、じかに『俺はこう思う』と評価し合いましたが、今はそれがない。人と違う自分を発見するために、また、自分は自分なんだということを確認するために友だちを求めているのに、そういう評価は誰もしてくれない。そのため、自分がそれでいいのかどうかが、いつになっても分からない。その面では、みんなモヤモヤしたものを抱えているんです。でも、やっぱり友だちは欲しいので、その中にいるために不本意ながら『ウン、ウン』と調子を合わせている。そこで、友だちといること自体が苦痛だということにもなる。そういう二重にも三重にも矛盾した気の毒な状態の中で生きているわけで、本当にかわいそうだと思います」

そうであれば、いつまでも自分を見つけられない。要するに、アイデンティティーを確立できないということである。幼さと依存性にはとかく過保護が言われるが、その背後にある自分を作れないための「自分のなさ」は見過ごされている。見えそうでいて見えないというのは、自分がないから見えない、つまり主体的に判断できないからで、それこそが白い闇を生み出しているのではないか。

いや、それよりも、寺尾氏が語っている奇妙に歪んだ子ども社会そのものが白い闇ではないのか、私にはそう思えてならないのである。

捕まらない子の不幸

いじめやいじめの傍観は、他人の痛み（心）が分からない未熟さから生じている。一方、いじめに耐えられなくなった子は、多くの場合「自分を壊してしまうか、つるんで非行をやるか」になる。しかし、前者の自己中心主義も、後者の一人で生きていく力のなさも、ともに社会に生きていくための脳力（社会的理性）が未発達であることから生じている。加害者と被害者の関係は、いわばメビウスの輪のようにつながっているのである。

暗い照明の下に、紙をひねって両端を貼り合わせた輪がある。上になっている面をたどればやがて曲がって光が当たらなくなる。そして、上では暗くなっていた裏面が表になって明るくなる。そんなイメージで考えてもらえば分かると思うが、加害者と被害者の立場はいつ入れ替わるか分からないのだ。

世の親の多くは、非行をやっている子を特殊な子と見なして、自分とは関係ないことのように考えている。それは、不登校の子どもに対する場合も同じだろう。しかし、いじめを傍観しているフツーの子も、同じメビウスの輪の上にいる。不登校や非行という陰の部分に置かれることになる可能性はどの子にもあるということなのである。

今の子どもたちはフツーであることに異常なほど過敏になっている。しかし、何がフツーでないかは、相互監視的な過敏さが生み出す集団心理的なもので、時々の状況によって変わる。さしたる理由もなく一緒だったグループから弾き出されるのは、ハブにした側がその子の言動をフツーから外れていると嫌ったというだけのことなのだ。また、みなから「バカ」「死ね」とハブにされる子というのは、対応が不器用なためにフツーでないとされている場合が多い。

いじめはいつの時代にもあるが、私たちの世代では小学校までだった。中学に入る年齢になれば、他人の心がより分かるようになり、多様な生き方を認められるようになるというのが、歴史が重ねてきた発達段階なのである。また私たちは、中学生になった途端に家庭からも社会からも大人として扱われた。個としての自覚と責任を感じさせられたわけである。

道徳教育の復活を言う人たちは、戦後の民主主義教育が諸悪の根元のような言い方をするが、この論理はおかしい。いじめに見る未熟さは、民主主義の原則である個の尊重（多様性の容認）が、きちんと教えられ身につけさせられていないからこそのことなのだ。一部の教師は二言目には民主主義教育を守れと言うが、では何をやってきたのか。まずはそれを問うてみることだ。

ともあれ、このような子ども社会の状況では、いわゆるフツーの子も、いつ不登校になるか、いつ非行に走るか分からない。もはや不登校や非行は、決して特殊な子に起こる問題ではないのである。

その場合、私は自分を壊すより非行グループに走るほうがいいと思っている。不登校になって引きこもってしまえば、自分の置かれた状況は何も変わらない。そうなれば、人と交われない自分への絶望感は日増しに内攻し、長期の引きこもりになりかねない。一方の非行グループに走った子は、少なくとも行動を起こしたことで自分で自分の状況を変え、相手がどうであれ人との交わりを回復するわけである。

非行はほめられた話ではないが、人と交われない人間を抱え込むより社会としては健全だろうと思う。もちろんこの考え方には、社会に害を及ぼすという視点からの批判もあるに違いない。しかし、C調査官はこう言うのである。

「私も非行を起こす子はいいかなと思っているんです。捕まるとまず警察という社会とぶつかるわけです。そこでいろいろ嫌な思いをしますが、いいお巡りさんにぶつかれば人間のつながりというものを知ります。そして、家庭裁判所に来て、まあ調査官もいろいろいますが、いい人が担当してくれれば、社会に目を開かされて自分のやったことを客観視できるようになります。そんなふうに、ちょっとつらい思いはしますが社会というものを厳しく体験できますから、私は軽い非行というのはいいと思うんです。人さまをとことん傷つけちゃうようなのは困りますが、そうでなければ自分を立て直すいい機会になるんじゃないでしょうか」

非行をやった場合には、捕まらないより捕まったほうがいい。私がそう考えるのは、捕まった子と捕まらなかった子とでは、その後の内面的な成長に雲泥の差がつくのではないかと思うからである。

今の子どもたちの未熟さには、人間としての基本的な常識を身につけさせていないという問題がある。それは何よりも家庭が無力化してしまっているからだが、社会の教育力も大きく低下している。寺尾氏の話は、その常識を考えさせるものだった。

「裁判所に呼ばれれば、少なくとも権力というのはどういうものか、世の中の仕組みというのはどうなっているか、その中で生きていくにはどうしたらいいかということを考えるきっかけは与えられると思います。今の子どもたちには、そういうことを体験的に教えられる場がないですから、いい機会と言えるでしょう。

私は軽い事件、バイク盗とか万引きとかで来た子には、人の物を盗むのがなぜ悪いと思うのかと必ず訊きました。子どもは、そんなこと訊かれたことがないからいろんな言い方をします。法律で決まっているとか、相手に迷惑を掛けるとか、だいたいありきたりのことを言います。隣にいる親も、この子がどんな答え方をするだろうかと一生懸命聞いていますよ。

私はそこで、人間は世の中に一人で生きているわけじゃない、大勢の人と一緒に生きていかなければならない。その場合には、やってはいけないことがある、そのうちの一つが他人の物を盗むということで、それはみんなが一緒に暮らしていくうえでのいちばんの基本的な約束ごとなんだ。だから、理由もへったくれもない。言い訳なんかできることじゃないんだということを最後に必ず言いました。昔は、そういう原則は家庭で教えたものですが、今はそれを言い聞かせる場がない。その意味でも来たほうがいいと言えるでしょう」

先の「非行を起こす子はいいかなと思っている」というC調査官の言葉に、私が反射的に思い浮かべたのは、冒頭でE調査官が語っている凶悪と騒がれる事件を起こしながら「自分がやったことがどういうことなのか、世の中から見てどうなのかなんていうことは全然考えていない」少年のことだった。

事件を起こそうと起こすまいと、あの少年の未熟さはまったく変わらない。やらなかったとしたら、誰もかかわることができないまま、ひっそりと自分の部屋の自分の世界だけで生き、年だけとっていったに違いないのである。はたして、成人後の人生をそれで生きていけるかどうかと考えれば、彼の非行は結果として自分を救ったことになる。E調査官は、その後の少年についてこう語っている。

「あの子には、言葉というものでコミュニケーションができるんだ、それで自分のことを知ることができるし伝えることもできるんだということを教えることが先決でした。それは、赤ちゃんのときからずっとやってきているはずのことなんですが、あの家庭ではできていなかった。それを、どこかでやらなければいけなかったんですが、やってこなかったということです。

あの子のことはすごく気になっていたので、しばらくしてから少年院に会いに行きました。処分が決まって落ちついたということもあるのかもしれませんが、鑑別所で会っていたときよりはずいぶん話ができるようになっていましたね。中学三年の子に話ができるようになったというのも変な話ですが、あの時はこうだった、自分はこんなふうに考えていたみたいな話をかなり話せるようになっていました。そういう意味では、少年院教育である程度効果が上がってきているんだなと感じましたね。まあ、やっと人間になれてきたということです」

ただ、非行をやるにはエネルギーがいる。間違った方向であっても行動を起こせるのは踏み切れるエネルギーがあるからで、その意味では閉じこもる子どもより可能性はあると言えるだろう。

また、C調査官によれば、「いきいきした本当のエネルギーのある子っていうのは、ちょこっとした悪いことはしますが、恐喝とか人を痛めつけるような悪いことはしないんです。なぜかというと、エネルギーがあるから抑制が利くんです」とのことなのである。

問題は、自分の状況を変えるエネルギーもなく、未熟なままに「白い闇」の中に漂っている少年たちはどうなるかということだ。寺尾氏は、こんな危惧を洩らしている。

「今の子どもたちは、親との関係も友だちとの関係も何やらふわふわした弱いつながりの中にいて、自分一人で生きていけるようなものは何もないし、自信もありません。そういう状態で、どうしてまともに思春期を乗り越えられるか。私には乗り越えられるのがむしろ不思議なように思えます。ですから、このままいくと、犯罪というかたちになるかどうかは分かりませんが、思春期を乗り越えられなかった問題を引きずったまま、今度は二〇歳から三〇歳ぐらいの若年層としていろんなことを起こすようになるんじゃないか、そんな気がしています」

二〇〇〇年の夏は、バスジャック事件や愛知の主婦殺害事件などによって、一七歳が腫れ物にさわるように扱われた。だが、未熟な子どもはそれ以前の年齢層にも広範に広がっていたということだろう、以後の不可解な犯罪はいずれも一〇代の枠を越えている。

「一見まじめだが、何を考えているかわからず、人と深く付き合うのを極端に嫌う」と新聞が報じた、栃木県黒磯市の幼児誘拐犯は二二歳。東京・池袋で包丁を振るい、通行人六人を殺傷した犯人は二五歳。東京・両国で見ず知らずの若い女性を刺し殺したレッサーパンダの帽子をかぶった男は二七歳なのである。

もちろんこれらの犯罪は、何らかの精神的な問題もあってのことと思うが、色濃く滲んでいるのは未熟さである。しかし、このような「他害」よりも、未熟さは「自傷」の方向により広範に拡がっているように思える。

一〇〇万人とも言われる引きこもり、連日のように報じられる幼児虐待、パラサイト・フリーターの増加、珍しくなくなった成田離婚などは、いずれも自立できない子どもたちの後遺症と見ていいようなのだ。

もはやメトルダウンとしか言いようのないこの状況を止めるには、子どもたちの自立を阻んでいるものを明らかにし、一日も早く正常な発達を回復する以外にはないはずなのである。

間違いが分からない親たち

中身のない家庭

前に紹介した「主体性がなく依存的で未熟、内面は幼児のような少年たち、彼らはどうしてこんなになってしまったのでしょうか」という寺尾氏の言葉（『少年係調査官覚え書き』）は、少年非行に携わる人たちすべての疑問であり悩みと言っていいだろう。いったい、それはなぜなのかということだが、寺尾氏の言葉は次のように続いている。

〈親は幼児期から少年を大事にし、可愛がって愛情を注いできたことを話します。しかしよく聞いてみると、それは親というより祖父母が孫を可愛がるような、あるいはペットに対するような接し方なのです。物を買い与え、何でも叶えてやってはいますが、責任のない可愛がり方であると言ってよいと思います。

子どもはそうされることで心地よさをおぼえ、いっそう親のいうなりになったり、失敗してもすぐ謝り、自分を認めてもらうことしか考えません。自分で考えたり、我慢したり、話をじっくり聞いたりする基本的な生きる力、生きる方法、自我は成長せず、感情のままに行動し、ひ弱で見栄っ張りになっていきます。言葉はあってもそれに伴うもののない関係、ぶつかるべき父親的なものはないし、家庭はあっても中身はないのです。そこでは人と人との深い関係は作れないし、体験できません。

そのため、外から強い圧力が加わったり、予期しない場面にぶつかったり、大きな失敗をしたり挫折したりすると、どうしていいか分からずに混乱し、幼児が駄々をこねたり、目茶苦茶に暴れたりするように反応して収拾がつかなくなります。非行もそんな反応として現れるため、親はわけが分からないと言うしかありません〉

自分が招いたことであるにもかかわらず、その因果関係を自覚することもなく、非行という結果に慌てふためく。おそらく、この親子関係の構図こそが、「いい子」「普通の子」の非行を増やしていると見ていいだろう。では、そのような家庭の現実の姿はどんなものなのか。まずは寺尾氏の言葉から伝えてみよう。

「最近は事件を起こした子の中に、『うちはとてもいい家庭です。親もいい親です』と言う子がいます。聞いているとなるほど形はできていて、家族みんなで旅行に行ったり、一緒に食事に出掛けたりしているんです。ところが、夏休みに行ったという旅行の内容を尋ねても、何をやったのか、何が楽しかったのかがまったく出てこない。結局は、それぞれが勝手に電話を掛けまくっていたなんていうことなんですね。また親のほうも、ちゃんと小遣いを与えているとか、家庭教師もつけているというようなことを言って『だから、悪いことをするようになるはずがない』と怪訝そうな顔をしている。何か非常に図式化されているというか、われわれが考えるいい家庭というのとはちょっと違う、いい家庭なんですね」

こうした家族のあり方に違和感を抱いている調査官は少なくないようで、H調査官はこれもよく言われるらしい「やさしい家庭」について、次のように語っている。

「両親もちゃんとしていて外から見れば普通の家族なんですが、それぞれの一日の生活がどうなっているかを訊くと、みんなバラバラであまり接点がないんですね。夕食を家族全員で摂るのは週に何回あるかないかということで、やさしさを確認できる時間もないんじゃないかと思うんですが、子どもは『お父さんもお母さんもやさしい』と言い、親も『あの子はとてもやさしくて友だち思いなんです』みたいなことを言うんです。軋轢もぶつかり合いもないようで、『うるせぇバカヤロウ』みたいな言葉は本当にないらしいんです。もっといろんな感情があっていいと思うんですが、おたがいがいいときの顔しか見せていないような感じですね。昔は『お父さんは自分はだらしがないのに文句ばかり言う』といった言葉がポンポン出てきたものですが、最近の子で親をそういうふうに言う子はいなくなっています。おそらく、ぶつかることもできなくなっているんじゃないかという気がしますね」

寺尾氏は図式的と言ったが、そこには家族一緒に食事に行ったり旅行したりという睦まじそうに見える外形をなぞることを幸せと感じる図式もあるように思える。ともあれ、この二つの話に共通しているのは、家族としての〝かかわり〟の密度が薄くなっているということだ。

人の心が分かるようになるのは相手に関心を持つからで、関心が薄ければ洞察も共感も生まれない。当然、関心の強さは、かかわり方の密度に比例する。子どもはまず、親やきょうだいとの強いかかわりの中で、相手の立場に立って考えることを学び洞察力を育てていく。家族同士の密度の濃いかかわりは、正常な発達のための揺りカゴであり道場なのである。

相手が何をしたわけでもないのに「ムカついた」と殴る蹴るの暴行ができる冷酷さは、丸ごと認め合いぶつかり合う揺りカゴも道場もなかったということだろう。

ここに伝えているのは、あくまで非行少年を出した家庭の話である。しかし、

「子どもを大事に育ててきたと言う親の中には、どういうことが大事にすることかということがまるで分かっていない親がいるんです。子どものためにと思っているのかもしれませんが、何のことはないみんな親が満足するためにやってきたことにすぎないんです。子どもが大事にされるために必要なことを省いちゃって違うことをやっていながらそれでいいと思っている。父親が母親化してしまって、本当に大事なことを子どもに言っていない父親があまりにも多いんです」

という寺尾氏の指摘は、非行少年を生んだ家庭だけのことではないのではないか。先に伝えた「今の家庭には本当の暮らしがなくなっている」という三好さんの言葉は、次のように続いていたのである。

「昔の崩壊家庭というのは暮らしが破綻した否応のない結果としての崩壊だったんですけど、今はけっこう立派な家に住んでいて、お金もそこそこあって暮らしには困らない、だけど家族とし

ての本当のコミュニケーションがない家庭。精神的な崩壊家庭というのが少なくない。でも、変なコミュニケーションごっこをやっているから、そのおかしさが分からない。ことによれば、何か空虚なものを感じているから、それを普通ということにしちゃっているんじゃないか。そんな気がします」

どうやら、家族が家族としての実体を持ちえなくなっているのが現在の状況で、その意味では〝疑似家族〟もやむをえないのかもしれない。そうであれば、非行はそんな家庭の歪みの現れとも言えるが、それにしても「お父さんもお母さんもやさしい」家庭の、「とてもやさしくて友だち思い」の子の傷害事件というのは何とも奇妙な話である。

そのやさしさには、当人たちの思い込みもあるだろうが、事件を起こした少年について報じる最近の新聞には、「やさしい子だった」という近所の人の証言も目立つのだ。そんな私の疑問に、H調査官は「いや、やさしいんですよ」と答えた。

「ただ、やさしくできる範囲というのは家族とかいつも付き合っている友だちとか、とても狭くて、そうでない人間は自分とは関係ない存在で、だからひどいこともできるんです。それに、やさしさというのも、思いやりというより関係をうまくやっていこうという処世術みたいなもので、友だちにしてもたがいにぶつからないためにやさしくしているんです」

つまり、相手そのものに対する思いやりではなく、自分が傷つかないために神経を使っているというのが、やさしさの実体のようなのである。

チャラにしたがる意識

寺尾氏が指摘している「自分で考えたり」「話をじっくり聞いたりする基本的な生きる力」を欠いているのは子どもだけではない。先の『覚え書き』はこう締め括られているのである。

〈この親たちもまた、他人の話をきちんと聞いたり、相手の立場を思いやったりすることが少ない場合が多く、調査官にとってはなかなかやっかいな存在です。話が通じないと思うことも度々です。少年よりも面接回数の少ない親との面接をどうするかは調査官にとって大きなテーマになりそうです〉

鑑別所送致にはならなかった在宅事件の場合、少年は親とともに裁判所に呼び出される。かつての親は裁判所に呼ばれたこと自体を大変なことと受け止め、まず親としての不行き届きを調査官に詫びたようだが、現在の親はずいぶんと様子が違うらしい。そんな問いに寺尾氏は笑いながら答えた。

「昔はそうでしたね。調査官に土下座して謝った父親が、立ち上がるなり子どもの横っ面を張り飛ばしたというようなこともありました。今はそんな親はまずいません。それどころか、子どもが椅子にだらしなく座っていても、ちゃんとしなさいとも言わない親のほうが多いんです。とくに父親に、子どものことは自分の責任だと積極的にかかわっていこうとする意気込みが感じられなくなりました。それと、裁判所に親だけ呼んで面接したときに『ちっとも言うことを聞かないんで、叱ってください』という母親が大勢いるんです。調査官の側としては、なぜ自分で言わないのかと言いたくなるんですが『いい機会だから、是非厳しく言ってください』なんです。本当に親が変わりました。ですから、子どもはもちろんですが、親をどうするかで、これは頭の痛い問題です」

またそこには、子どものやったことをどう認識しているかの違いもあるようだ。事件としてはバイク盗という程度のものであったとしても、昔の親はそれをやった心の動きを問題として、親自身が安易に許そうとしなかったという。ところが、今の親の中には、

「この子も自転車を何台も盗まれて出てこなくって、そういうこともあって今度は盗んでしまった」

というような言い訳をする親も少なくないという。そうなれば調査官は、それは違う、そういう問題ではないということを親に向かって言わなければならなくなる。その状況は、たしかに頭の痛いことだろう。

また、そうした認識の親であれば、処分は軽く軽くと望む。心の問題ではなく、盗んだ物の価値として、あるいは暴行の程度として罪刑法定主義的な相場を考えるわけである。そこで、「鑑

別所に面会に行ったら、泣いたことのない子が泣いて反省していました、もうだいじょうぶだと思います」という程度のことで更生を安請け合いして訴える。

H調査官は、そうした対応の根底にある心情を、最近の親に多い「チャラにしたがる感覚」と指摘する。

「要するに、魔がさしたんだというとらえかたで、過去のことはチャラにしたいんです。自分の子の醜い部分というのは親がどう育ててきたかを映し出すことですから、子どもがマイナスに評価されることは親としても認めたくない。失敗したことには目をつぶる傾向が強いんです。そして、子どもも自分の醜い部分にはなかなか目が向かなくて、置かれている状態を大変だと感じることだけから、本当はそんなことをやる自分じゃない、ついやってしまったというかたちで反省する。つまり母子とも同じであって、その意味でその子にとってはいい母親ということです」

とくにその傾向は、いわゆる「いい子」「フツーの子」の〝いきなり型〟非行に多いようだ。その場合、信じられないような話だが「ちゃんと反省したから、もう責任は取ったと思います」「悪いことをしたのは別の自分で、本当の自分は勉強をよくやるまじめな生徒です」と真顔で言う子どももいるそうなのである。

調査官が心からの反省を問題にするのは、そうした少年を在宅の保護観察にすれば、結局は同じことを繰り返すからなのである。そして、残念ながら繰り返されている場合も少なくはない。

こうなって、初めて親は苦しむことになる。

おそらく、そのようなケースの結果なのだろう、保護観察官I氏は、苦り切った口調で言うのである。

「それこそ、箸の上げ下ろしまで電話で聞いてくる親がいるんです。子どもがこんな状態になっちゃっている、どうしていいか分からない。どうしたらいいんでしょう、どうしたらいいんでしょうと。助言というより指示を求めて、えんえんと電話を掛けてくるんです。自分で考えてやってくださいとしか言いようがないんですが、多いんですよそんな親が」

叱らなくなった理由

子どもが「いい家庭」「やさしい家庭」と言うのは、家族同士がぶつかることなく平和に暮らしているということだろう。しかし逆に言えば、いつも叱られている子は「お父さんもお母さんもやさしい」とは言わない。そういう家庭が増えているとすれば、未熟さはそこにも根があると見ていい。

私たちは親からも周囲の大人たちからも実によく叱られた。そんな折、「子どもは叱られるのが商売」という慰めにもならない言葉を言われたのは、いつの時代にも子どもは叱られていたからに違いない。では、昔の親はなぜよく叱り、今の親はなぜあまり叱らなくなったのか。

もちろん、子どものデキが良くなったなどということはありえない。子どもの発達プロセスは万古不易《ばんこふえき》のもので、文明の発達とは関係ないのである。そうであれば、今の親は子どもに対して叱らないところが増えた。あるいは、昔の親が叱っていたことを叱らなくなったとしか考えようがない。

いや、回りくどい言い方はやめよう。今の親は叱るべきことを叱らなくなったということだ。

というのは、何を叱らなければならないかが分からなくなっているからである。

それは、親自身がまともな育てられ方をされていないため未熟になっているということなのだが、本人は気づいてない。なぜなら、その未熟さを通用させるための世代的な考え方を正しいとしているからである。

新人類という言葉は、一九八三年ごろから新入社員として入ってきた若手が人間としてどこか変だということで言われ出した。ところが、アッという間にそんな若者ばかりになってしまったせいか、今では死語のようになっている。当時そう呼ばれたのは新卒の二二、三歳だから、そのトップは現在四一、二歳。つまり、一〇代の子どもの親になっているわけである。

もとより、それ以降の世代がすべて新人類というわけではない。当時の大人たちは、あまりにも常識がない、人間としての感受性が欠けている、と呆れてそう命名したのだが、私が新人類かどうかを分けた基準は、自分をどう認識しているかだった。入社時点ではおかしかったが、以後は遅ればせながら常識を身につけていく者もいたからで、人間としての成長を目指すかどうかを問題にしたわけである。

新人類には、いわゆる「ニューファミリー」型家庭の中で、そこそこ勉強ができたために甘やかされてきた「いい子」が多かった。

特徴は、人間として成熟しない、成熟を考えないということで、いくつになっても若者感覚そのままに消費文化を楽しむだけの「自分にやさしい」生活を続け、結婚しても「大人」にはならない。また、子どもに対して「親」にはならない。躾けや小言など自分にやさしくないことを避けたいために、わが子を友だちとする「友だち親子」を新しい親子関係としたからである。

育児というのは、昔から「育自」だと言われる側面を持つ。わが子に人間としての成長や社会生活に必要な規範意識を身につけさせようとすれば甘やかすわけにはいかない。親自身に厳しさや寛容など自分を克服し成長させていく「育自」が必要だということなのである。

しかし、人間としての成長や成熟を考えない彼らには、「育自」はない。また、社会的な視座からの規範意識も「いいじゃないの幸せならば」と軽視され、その家族固有の〝家族価値〟が子どもにも浸透していく。

結果として、そうした家庭の子は、親とまったく変わらないことになる。いわば「精神的クローン人間」が代を重ねているわけで、もはやそうした循環が生み出した新人類型人間が四〇代以降に多くなっているということなのだ。

だから、わが子の未熟さを未熟さとして認識できない。自己中心的な言動を「自分に正直」だとしたり、欲望の抑制が利かないだけの自己主張を「個性的」と受け取っている親も少なくないのである。中学の学級崩壊には、不正義をカッコいいと思っている子どもと、それを勇気ある個性のようにとらえて雷同している子どもたちという構図があるが、それは何によるかということだ。

ともあれ、かくして小言は大幅に減り、昔の人が何よりも矯正しようとした自己中心的な未熟さは、誰もが言う「のびのび育てる」「個性を伸ばす」子育ての中で逆に放置される。しかもその傾向は、両親ともに高学歴の家庭ほど強いのである。

人間としての規範、社会に生きるための規範は、自己中心性の対極にある。それゆえ日常のあらゆる機会をとらえて繰り返し言い聞かせなければならず、それによって子どもは〝人間〟になっていく。社会的理性を働かせるための脳の発達は、そうした学習を前提に組み立てられているようなのである。

今、子どもたちに起きていることは、子育てが進化の条件を踏み外しているからであって、そもそもの問題は家庭にある。ところが、困ったことにこの国の知識人は、子どもに起こる問題を常に教育行政の歪みや環境の悪化として指摘する。

むろん、そうした歪みは正されなければならないが、それが言われることによって親もそれを言い訳にして「他罰的」になり、家庭の躾は省みられなくなる。

誰もが躾はやっていると言うが、人間としての規範を教えられている子が、親に対して「シラネーヨ」という口のきき方をするがどうか。それをタメ口（仲間言葉）として女の子にまで許しているのがおおかたの家庭なのだ。

失われた「親性」

間違いが間違いと分からない親は多いが、今の母親の中には赤ん坊への対応がおかしくなっている親も少なくないようだ。寺尾氏はこんなケースを語っている。

「面接したその母親というのは、かなりのインテリなんですが、子どもとの接触について尋ねていて驚いたのは、子どもが赤ん坊の時からあまり話し掛けたりしていないと言うんです。静かにしているほうがいいと思っていたということで、自分は本を読んだりしていて赤ちゃんに声を掛けるようなことをほとんどしないできてしまったと言うんですね。今はそういう母親もいるんです。その子を非行に走らせたものは、そもそもその段階からつくられていたんじゃないかと思わされたものでした。

その後、ある雑誌で小児科の先生二人が対談しているのを読んだのですが、赤ん坊に対する親の対応が全然変わってきたという話をしていて、やっぱりそうなのかと思いました。話によれば、小児科に来る親子の関係を見ていると、子どもに向かってきちんと目を見て話す、体に触れてきちんと教える、叱るところは叱り、褒めるところは褒めるという最初の基本的なところが、まったくおかしくなっているということなんです。今の子どもの歪みというのは、そういうところからずーときているんだろうと思いますね」

赤ん坊は生後二ヵ月ぐらいで母親の視線を追うようになり、四ヵ月目ぐらいから喃語《なんご》といわれる「アー」「ウー」といった声を上げ始める。そして、母親は独特のアクセントをつけたいわゆる母親語で、赤ちゃんに話し掛ける。

誰に教わらなくても自然に出てくるそういう対応を、私たちは長らく母性本能的なものと考えてきたが、どうもそうではないらしいのである。それを自然のようにやっている母親というのは、実は自分の母親が下のきょうだいをあやしている姿を見ているという学習をしているようなのだ。

なぜなら、一人っ子で育った女性には、その対応が出にくい場合が多いということなのである。ということは、一人っ子や末っ子でなくても、母親がそういう接し方をしていなければ出てこないということになる。幼児虐待の増加は、どこかその問題とつながっているのではないか、私はそんな気がしてならない。

ともあれ、赤ん坊はそうしたコミュニケーションの中で言葉を覚えるとともに、母親の「お花きれいねー」「猫ちゃん可愛いわねー」といった話し掛けによって感受性や感情を育てていく。女性の属性のように思われている優しい感受性というのも、母親が女の子ゆえにそういう言葉を多く掛けてきた結果のようなのである。

人間としてのもっとも大切なものが形成されるその時期に、母親から声も掛けられなかったとしたら、人を信頼することのできない、感情の乏しい子になるのは当たり前と言っていい。非行に厳しい処分を求める人は多いが、何がその非行を生んだかを考える人は少ない。

昔の人は、おかしな子どもにぶつかった場合、よく「親の顔が見たい」と言った。いったいどういう躾をしているのかと訝《いぶか》ったわけである。しかし今は、躾以前に親そのものが問題にされなければならないケースが増えているようなのだ。

その意味で家裁の調査官は、例外なく親の問題に悩んでいる。C調査官とG調査官は、こもごもこんなふうに嘆いたものだった。

「一七歳、一七歳と騒がれたために親御さんたちがとても不安になりましてね。会ってみてそんな子じゃないので、『私はたくさんの子に会っているから分かります。この子はだいじょうぶです。お母さん言うべきことはちゃんと言いましょう』と言ったんですが、親の側が変に不安がって腰が引けて、本当に必要なことも言わなくなっちゃいました。逆ギレとかいろいろ言われたからでしょうが、どうしてそんなに自信がないのか。今は親のほうもダメになっているんです」

「最近の親には、小学校ぐらいまで可愛い可愛いでやってきて、思春期になったら急に腫れ物に触るようになっちゃう親が多いんです。自分もそういうところを通ってきているはずなんですから、何で自分たちはこうだったと自信を持って言えないんだろうと思いますね。結局は自信がないんでしょうが、向き合わないんです。何かあったときに、一言でも言えばいいのに言わない。そこが親としての正念場《しょうねんば》なんですから、オロオロしないでちゃんと見て、思うことを言わなければいけない。それを言わないどころか、目をそらして見ようともしない。非行を起こした子どもの親は、見ていなければならないところを見ていない。これは共通しています」

この場合、自分というものがないための自信のなさもあるように思う。ただ、人間は親になったからといって、必ずしも親として振る舞えるものではないようなのである。たとえば、父親を知らずに育った人が父親になった場合は、子どもにどう臨んだらいいか分からずに、かなり試行錯誤を繰り返すという。

多くの人がさほど意識せずに親として振る舞えるのは、自分の親を見ているからなのである。頑固な父親でよく怒っていたとすれば、自分も子どもにそういう接し方をするか、逆に父親を反面教師としてやさしい父親になるが、いずれにせよモデルがあるからそうなるわけである。

「お父さんもお母さんもやさしい」と言う子の非行というのは、あるいは特異なケースと受け取られるかもしれない。だが、G調査官が言う「見ていなければならないところを見ていない」

「子どもと向き合わない」「一言でも言えばいいのに言わない」親が多いというのは、それが決してレアケースではないことをうかがわせる。

では、どうしてそういう親になるのか。この場合、正念場を逃げようとしたとも受け取れるが、正念場にどう振る舞っていいか分からなかったとも考えられる。私がそこに想像するのは、その親が自分やきょうだいを厳しく叱った父親や母親というモデルを持っていなかったのではないかということだ。

「小学校時代まで可愛い可愛いとやってきて」いる親は多い。今の親子関係は、程度の差はあれ「友だち親子」型になっているからである。可愛がるのはいいが、友だち親子というのは正常なあり方ではない。なぜなら、その関係が保てるのは小学校時代までで、子どもが思春期に入れば破綻せざるをえないからだ。

思春期というのは、子どもが一人前になったと思うことから始まるもので、もう大人なんだ対等なんだということを親に認めさせようとするのが正常な発達パターンなのである。こうなれば、もはや「友だち親子」は通じるはずがない。

ところが親のほうは、昔のままの意識を引きずっているため子どもの変化に動転するだけで、求められている〝対峙〟に応えようとしない。そして、そのすれ違いや軋轢に苛立って、自己顕示的に問題を起こしている非行はきわめて多いのである。

この節目に、子どもとの関係を甘くしていなかった昔の親は厳しく対峙した。場合によっては家出ということにもなったが、それが子どもの自立を大きく促していたのである。しかし、今の若い親たちの親の多くは、そのような決然とした対応はしていない。

要するに、そういう記憶（伝承）が絶えてしまったため、モデルがなくなった。オロオロするだけの親を増やしている理由には、それもあるのではないか。私にはそんな気がする。

母子密着が生む歪み

二〇〇〇年秋までの少年事件の中で、私にもっとも不可解だったのは、部の後輩をバットで殴った岡山の少年がなぜ母親を殺したのかということだった。そこで、実のところは「心配させたくない」ではなく「心配されたくない」、つまり「お母さんはこんなに心配しているのに」と言われ続けてきた潜在的な心理的抑圧感の解消ではなかったのかと想像したものだった。

しかし、私のその見方は、結果としてすべての調査官から否定された。

「はっきりとは分かりませんが、やはり母親が好きで密着していたんだろうと思います。分離できていないからこそ道連れにしてしまったんじゃないか。あれは何となく分かる気がするんです。結局は自分のエゴなんですが、自分がやったことで母親が苦しんでほしくない。あまりにも母子の間の距離がなかったから、ああなってしまったように思います」（G調査官）

「今の子どもたちの親に迷惑を掛けたくないというのはすごく大きいですよ。『迷惑を掛ける』とか『心配を掛ける』とか『親に弱い自分と思われたくない』という言葉は実によく出てきます。鑑別所で面接した子に、このことで誰に迷惑を掛けたと思うかと聞くと、まず言うのは『親に迷惑掛けた』で、第一に出てこなければならない被害者への迷惑は出てこない。私は家族というのはおたがいに迷惑を掛け合うものだと思うんです。だから、親ばかり意識して被害者に思いが及ばない子には、『家族って迷惑掛け合うもので、親はおたがいさまのところがあるけど、君にやられた人は全然関係ない人だよね……』と話を向けています。それでもなかなか被害者の立場に思いが行きません。小さいころからしみ込まされているのかもしれませんが、『親に迷惑掛けた』は本当に大勢の子が言います」（C調査官）

ということなのである。事実はそうなのだろうが、私にはどうも納得がいかなかった。これまで見てきたように、いじめや非行をやっている子は他人の痛みが分からない。だから被害者に済まないという気持ちも出てこないわけで、そのことは取材したすべての人が言っている。その子どもたちが、なぜ「心配掛けた」と親の気持ちを考えるのか。人の心が分からなければそうは言わないはずで、これは矛盾と言うしかない。

私は少々意地になり、その後の取材では必ず「心配させたくない」は本当かと尋ねたのだが、保護観察官I氏の返事はニべもないほどあっさりしたものだった。

「だいたいそうですよ。『申し訳ない』『誰に?』『親に』が普通なんです。鑑別所に親が来て涙を流した『親に申し訳ない』。仕事を休んで面会に来てくれた『親に申し訳ない』。被害者への弁償に親に金を使わせた『親に申し訳ない』。そればかりで、被害者に申し訳ないはまず出てこない。そういうものです」

そして、寺尾氏の言葉もこういうものだった。

「最近の子は鑑別所なんかに入れられちゃうと、『親に会いたい』『親が面会に来てくれない』と言うんです。以前は『親の顔なんか見たくない』と親が面会に来ても追い返しちゃう子がいましたけど、今はそういう子はいないですね」

その少年たちが会いたいと言う親は母親とは限っていないようだが、こうなればG調査官が言うように「母親と密着していて、分離できていない」からと考えざるをえなくなる。ただ、他人の痛み（心）が分からないのに、どうして母親の気持ちだけは分かるのかということは大きな謎だった。

その謎は後の取材で解けるのだが、その時点の私が何より引っ掛かっていたのは、鑑別所に送られた少年のほとんどが親に迷惑を掛けることを強く意識しているということだった。正直に言えば、ちょっとショックを受けていたのである。

C調査官も言っているように、たがいに迷惑を掛け合えるのが家族というもので、そうでなければ他人と暮らすのと同じことになる。実は私は、その意味での「家族の他人化」ということを書いている。しかし、現実がそこまでいっているとは知らなかったということなのだ。

とにかく、他人に迷惑を掛けることを何とも思っていないのに、親に迷惑を掛けることをそこまで気にするというのは、規範意識としては完全に逆立ちしている。そして、三好さんが言ったのもそのことだった。

「家族というのは安心して失敗ができたり迷惑が掛けられる場所でしょう。仲直りだとかやり直しにつなげるためにもケンカは必要なんです。親に迷惑を掛けなかったら誰に迷惑を掛けるんですか。他人に迷惑を掛けたらもっと迷惑でしょう。今はみんな一人で生きているような気になっているけれど、傷つきたくないために殻を固くしているだけなんじゃないですか。そして、本当のところはみんな孤独だと思う。孤独だからこそつながっていかなきゃいけないのに、逆をやってるんです」

家にいながら「不在」の父親

母子密着が起こる理由はさまざま指摘されているが、その根底にあるのは寺尾氏が述べている「父親が母親化してしまって、本当に大事なことを子どもに言っていない父親があまりにも多いんです」ということではないかと思う。

私のスクラップファイルには、今も「新人類」と題された新聞のコラム〈朝日「しごとの周辺」〉が残っている。筆者は霊長類学の権威である河合雅雄氏、書かれたのは一九八六年の一〇月。その文章の次のような部分に、私は赤線を引いている。

〈雄と雌とが恒常的に結ばれ、両性が子どもの養育に当たる、家族という社会的単位が形成されるのは、霊長類の社会進化の最終段階である人類社会においてである。ゴリラやチンパンジーの高度な社会にも、家族はないし、父親という存在はない。父と母という両性が育児や教育に携わることこそ、サルたちと次元を異にした人間的な営為なのである。ところが、父親は今、何をしているのか。あるいは何をさせられているのか。……家庭生活の重要さを説くのなら、また、人間らしさを求めるのならば、父親を家庭に戻すべきである。……父親不在の家族の出現こそ、新人類の誕生と言うべきである。新人類と呼ばれる若者は、不在雄という妙な父親を持つ、新人類家族の中でつくられた一品種ではなかろうか〉

それから一五年、この言葉は当時よりさらに重さを増して問いかけてくる。なぜなら、不在雄を父親に持つ新人類の多くが今や父親になり、より不在雄化しているのが現状だからである。

また、同じファイルの教育関係記事〈朝日新聞「きょういく99」〉には、大阪の小学校教諭による子どもと親の変化に対する調査（一九九九年五月）の回答がまとめられており、親の変化については、①基本的な生活習慣を身につけさせる配慮が弱い、②わがままとして対応すべきことと受容してよいことの区別がつかない、③過保護、④モラル低下、⑤「単親家庭」が増えた、など、が指摘されていた。

単親家庭とは、おそらく母子家庭を指すのだろうが、①から④までの変化というのは、要するに躾がきちんと行われていないということで、母子カプセル状況が生んだ歪みと見ていい。つまりは、両親揃いながらの父親不在（不在雄）家庭がいかに増えているかということだ。

私の少年時代には、夕餉《ゆうげ》の食卓にはたいがい父親がおり、そこで小言を言われることもよくあった。きょうだいの数が三〜四人は当たり前だった当時、子どもにとっては家族そのものが父親を中心とする社会であり、その中で私たちは最初の社会性を身につけていった。

しかし現在、ウィークデーの夕食に父親がいる家庭は、東京では三割を割るとも言われている。目に浮かぶのは母親との二人あるいは三人でのテレビを見ながらの食事風景で、そんな日常が続いていれば父親を家庭の中心とする意識は母子ともに薄まっていく。こうした生活の中では、秩序感覚や自制といった社会性は身につきにくい。下手をすれば厳しさを欠いた母親によってわがままを募らせ、自分を家庭の中心とするジコチュウ児を生み出すことになる。

また、今の子どもに問題視されている勇気のなさやアパシー（無気力）も、母子カプセル状態の中で母性の論理だけで育てられていることと深くかかわっている。何よりも安全を考える母親は、たとえばブランコで遊んでいる子に「そんなに振ったら危ないでしょう。もうやめなさい」

とブレーキを掛けたがる。そんな抑制を掛けられ続けていれば、子どもにはトライしてみる勇気も自発的な自制も育たない。

それに対して父親は、「お父さんが見ていてやるから、もっと漕いでみろ」とけしかけたがる。そこで子どもは面白がって大きく漕ぎ、怖くなるという感覚を体験することによって、自分自身でその限度をわきまえる（自制する）ようになる。

それは、子どもにトライする勇気を与えるだけでなく、子ども同士の付き合いに積極性と自制をもたらす。さらに、父親との遊びは、興奮したり冷静になったりするような、感情のコントロールをするための訓練になるとも言われている。

先の大阪の調査は小学校一年生の問題点、いわゆる「小一プロブレム」を考察したものだが、ここで教師たちが指摘しているのは、教室から飛び出したり授業中に立ち歩いたりという現象は、見た目には学級崩壊に似ているが、それは教師への反発どころか「先生、大好き。もっとかまって」という思いが引き起こす行動でもあるということなのだ。おそらくそれは、今の子どもたちに父親との日常的な遊びがいかに失われているかを物語るものだろう。

母性の論理には主体（自分）がない。その状況の中で、どうすれば安全か、どうすれば得をするかを指向するあくまで相対的なものであって、体系的な価値規範（原則）はない。したがって、道義もない。

夫が妻の考え方に同調することは、それが家族価値になってしまうということである。そして、今の父親の多くが妻の考え方を容認しているのは、自分もそのような家庭に育っているから、つまり母性の論理が染み込まされているからと考えていい。「父親の母親化」というのは、そういうことではないかと私は思っている。

今の子どもたちは、常に多数派であろうとし、状況に応じて簡単に自分を変える。何より問題なのはいじめを傍観していることだが、それはみな母性の論理そのものの対応なのである。たとえば、正高信男京都大学助教授は次のように述べている。

〈……むろん、いじめを認めることにはそれなりのやましさを心に伴う。そこのところで自分の態度を、どう正当化できるかによって、暴力を目撃して見て見ぬふりできるか否かが決まるが、調べてみるともっとも傍観者になりやすいのは、父親が会社員で母親が専業主婦の核家族に育つ場合であることが明らかとなった。夫の存在感が希薄だと、専業主婦の母親はわが子に献身してしまう傾向が強い。子の方は、ひたすら母親の価値観を内面に取り込み、いじめの場面に遭遇しても「おかあさんでも、こうするに違いない」という形で気持ちを整理して、黙認を決め込む。自制心や勇気の発達が阻害される土壌が子ども中心主義の家庭に培われているのである〉（朝日新聞「論壇」『「傍観」がいじめを激化させる』二〇〇〇年九月七日）

正高氏は、それを母性の論理としているわけではないが、母親の考え方が家族価値として子どもに深く浸透していることを明らかにしている。たしかに、その生き方は安全だろうし得だろう。しかし、それを続けているかぎり、自我は確立されない。

私たちは、父親の権威が強い家父長型家庭で育った。父親の価値体系はおおむね時代と社会が良しとしていたもので、父親はその価値をもって子どもを教育した。そのため子どもは、その規範を受け入れて体制順応型になるか、反撥して反体制型になるかのいずれかになった。

後になってみれば、順応も対立もたいしたことではない。大切なことは、子どもは父親が示した価値規範によって、考えたり闘ったりしながら自分の価値体系（自我）をつくっていくということなのだ。ところが高度成長期以後、多くの家庭が母性の論理によって仕切られるようになった。そして、ついに父親不在となり、主体的にものを考える力を失った若者が、大量に生み出されるにいたった。思考がなくなった世界では、条件が課されれば一定の反応だけが起こる。小泉フィーバーは、その証と見ていいのである。

私は、母性の論理が悪いと言っているわけではない。最優先されなければならないのは「安全」であって、母性は子育ての土台である。ただ、子どもは社会に旅立っていかなければならず、そのためには身をもって社会的規範を示す父性がなければならないということなのだ。

先の河合氏の言葉を読んで私が感じたことは、人類の進歩は父親が子育てにかかわったことにこそあったのではないかということだった。人類は進化したがために、単独では生きられなくなった。社会なくしては生存できないのが人間なのである。その社会を正常に保っていくためには、社会に生きるための規範と常識が不可欠になる。それを、多くは「禁止」というかたちで子どもに教えてきたのは、もっぱら父親だった。

社会的な生き物である人間には、制限されなければならない自由がある。物を盗むこと、人を殺すこと、体を売ることが自由であっては社会は崩壊する。しかし、子どもにはその論理は理解できない。問答無用の父親の「禁止」はそこに正当性を持つ。そしてそれが、善悪を分ける基準となり、価値観を組み立てさせていく土台になる。

また、空想と現実の境界を悟らせるのは、その子が置かれている家庭の現実にある。禁止が言われなければ、未熟な空想はふくらみ続け、やがては「人間を壊してみたい」という妄想にもなる。精神的な病理をうんぬんする前に、なぜそのことを考えようとしないのか。私には、そんな社会の病理のほうがよほど気になる。

警察庁が、いわゆる非行少年と一般の中高生を対象に行ったアンケート調査によれば、ナイフなどを持ち歩くことの是非について「本人の自由」と答えたのは、非行少年が一九%だったのに対して一般中高生は二四%。薬物使用については、非行少年が一六%で一般中高生は二一%。そして援助交際については、非行少年の二九%に対して一般中高生は三六%が「本人の自由」と答えている。これは、何を物語るかである。

父親の役割は、簡単に言えば社会の中でどのような行為は評価され、どのような行為は排斥されるかを教えることで、どの文明でも「恥」がその基準となっている。事実として私たち世代の父親は、わが子の教育を「世の中に出して恥ずかしくない人間にするため」と意識し、それができないことを自分の恥とした。しかし、現在の父親にその恥意識はきわめて薄い。

電車の中で堂々と化粧をしている娘が珍しくなくなるなど、昨今目にするおかしさには恥を恥と思わなくなってきているところからのものが多い。ここで厄介なのは、当人たちはそれを恥と思っていないことだ。要するに、それを恥と意識させる心が育っていないからである。

日本人の恥意識は「世間の目」を意識するところが強いが、人間の社会であるかぎりそうなるのは必定で、どの国でもそう変わりはあるまい。今の日本人には会社や学校以外に世間がなくなってしまったことが、恥意識を薄れさせたというのが実態だろう。

ただ、角張ったことを言えば、恥というのは「自分が理想とする善きものから、自分が遠いところにいると感じる落差から生じる意識」（ニーチエ）であって、善や美というイデーそのものが自分の中になければ、恥の意識は生まれようがない。つまり、美しい生き方の原則について語られたことのない者には、何が恥か分からないのも無理からぬことなのである。

昔の親は、善悪や正義（フェアネス）や礼儀については、誰もがやかましく言った。また、それぞれが考える「理想の生き方」をお説教として語ったものだった。おそらくそれは、父親自身が言われてきたからだろう。

むろん、その理想はさまざまあったに違いない。世間に生きるための規範を美意識的に言った親もあれば、儒教や仏教の倫理を語った親もいただろう。はっきり言って、それが正しいかどうかはどうでもいい。いつの時代でも子どもは父親のお説教には反撥するもので、受け入れるとは限らないからである。しかし、善悪や理想を言われ、わずかでもそれについて考えたことは、子どもの心に大きく残る。そして、それが自分をつくっていくことになる。

いまや、理想や理想を求める精神は冷笑の対象でしかないが、教育というのは繰り返し理想を語ることではないのか。そして、心は何よりもそれによって育つのではないか。女子中高生の援助交際を止める術はどこにもない。彼女たちにそれを思いとどまらせる内的な抵抗は、それまでの人生に理想を語られた経験があったかどうかにかかっていると見ていいのである。

不在雄というのは、歴史が重ねてきたその役割の放棄にほかならない。教育改革を言う前に、〈父親は今、何をしているのか。あるいは何をさせられているのか〉を問うのが先ではないのだろうか。

なくなった反抗

今の日本の家庭は、おしなべて家族に求心力が失われている。〈父親の心が会社にあるのと同じように、子どもたちの心は学校の仲間の間にあり、母親の心もパートの仲間や趣味の付き合いなどに分散されている。

そんなふうに、心を外に向けて暮らしていれば、父親がそうであるように誰もが家庭ではなるべく心を煩わされたくないと思うようになる。親の言葉より仲間の評価のほうが大事な子どもとしては、親にはなるべくよけいなことを言ってもらいたくないのである。

結果として家庭は、食事をし風呂に入って寝るところという下宿屋あるいはホテルに近いものになり、そのありようは子どもの年齢が上がれば上がるほど強まる。そこで、各自の接触はさらに当たり障りのないものとなり、平穏を維持するためにたがいに見て見ぬふりをするようにもなる。あるいはそんな空洞化を糊塗するかのように、ことさら明るく楽しい家庭としての団欒が演じられたりする。

こうなれば、他人同士で暮らすのとそう変わりはない。しかし、そんなあり方が「いい家庭」と思われているようで、いまやまったく同じような家庭ばかりになっている。

本来の家庭というのはそれぞれ個性があるもので、私の子ども時代の家庭は父親の職業や個性によってまさに千差万別だった。ただ、子どもに教えられる規範は、社会一般の規範とそう違うものではなかった。

それに対して、ニューファミリー型の家庭はきわめてよく似ている。それは、家庭のあり方がそれぞれの個性によってではなく、時代のトレンドとして求められ、共通して「やさしさ」が指向されていることによる。ただし、子どもへの対し方は一様ではない。かつてはどの家庭も当たり前としていた「世の中に出して恥ずかしくない子にする」という考え方が、当たり前ではなくなっているからである。

また、そう思ったとしても親自身がきちんとした躾を受けていなければ教えることはできない。箸をまともに持てない親に、子どもに正しい箸の持ち方は教えられない。気にしないか、気にならないか、心理的な引け目意識から見て見ぬ振りをするか、まあそういうことになる。それと同じことである。

ただ、親子の日常が「友だち親子」的であることは共通している。言うまでもないが、友だちというのは対等の関係である。子どもを個として尊重するのは当然だが、親子の関係は対等ではない。未熟なために理解が及ばない場合は、権力的にでも正さなければならないのが親なのである。そのとき、当然子どもは友だち的な日常の関係を欺瞞と感じる。

それでも子どもは親には好かれたいから、団欒の場など親がそう求めていると感じるときは友だち的に振る舞い、ちょっとヤバイなと思うときは親であることを意識して振る舞う。だが、ほとんどの親はその使い分けと演技性に気づいていない。その意味でも、今の子どもは疲れるのである。

親子のケジメが一貫してあり、その中に楽しい触れ合いがあるというほうが、子どもは精神的に安定する。規範がダブルスタンダードになることは、規範そのものを軽くする。また、思春期の子どもは、正常な発達過程として親という規範と対立する。その相手が闘うに値しない曖昧な存在であっては、子どもがかわいそうというものである。

私たち世代の者は、多かれ少なかれ親に反抗してきた。しかし、最近の子どもには親への反抗がなくなってきているという。H調査官によれば、

「前には、あながち憎むというわけではないんですが、親というか家を否定して自分を再構築していくプロセスがありました。それが思春期の課題と言っていいものだったんですが、今はそれが欠けてしまっている。とくに男の子にないですね」

ということなのだ。このような状況に置かれていては、なくなったのも無理はないと私は思う。反抗しなくなったのではなく、反抗のしようがなくなったということだろう。同じことは三好さんも指摘している。

「昔は子どもたちがもっときちんと反抗していましたね。反抗は子どもの成長にとって必要だから、発達心理学の中に反抗期という言葉があるわけです。でも今は、子どもがきちんと反抗する機会を親がなくしている。みんなやってきたことなのに、反抗されることを恐れているんです。だから、何を言われても答えないで逃げたり、気持ちは理解できるというかたちで逃げる。子ど

もとしては真綿で首を締められているような状態で、どうにもならないんじゃないですか」

私自身は、反抗期という言葉をなるべく使わないようにしている。子どもは何にでも無闇に反抗するわけではないし、親の側に「反抗期なんだからしかたがない」と安易に考えられては困るからである。学問的にはどうか知らないが、この時期は「自立期」あるいは「自立準備期」と言うべきもので、自分を大人として認めさせようとする中で、反抗というかたちが多く現れると考えたほうがいいようなのだ。

そのような時期である以上、子どもも反抗しないわけはないと思う。それがかたちにならないのは、三好さんの言うように「どうにもならない」からだろうが、そこにはトライしてみた結果もあるようだ。寺尾氏はこう言うのである。

「今は、反抗したらそれに対して何か返ってくるというようなものがないですからね。親がその反抗をしっかり受け止めて、何かリアクションがあるというのならいいんだけれど、そうでない場合がほとんどですから。反抗はいわば子どもの特権ですから、何らかのかたちでやるのは当然だと思います。しかし、それを次の段階に昇華させるような、そういうあり方が今はないですから反抗そのものも弱くなるんじゃないでしょうか。

家出にしてもそうですね。昔はよくありましたが、今はなくなりました。家出というのは、がっちりした家があるからできるんです。親に断りもせず友だちの家に泊まっちゃうといった、毎日が家出みたいな生活をしている子はたくさんいるわけです。ですから、一大決心をして家を出るなんていうことにはなりません。問題は、子どもとまともに向き合わない家庭にあるということです」

これまで見てきたように、今の家庭には〈ぶつかるべき父親的なものはないし、家庭はあっても中身はないのです〉と書かれたそのままの家庭が増えている。その中で子どもたちは、妙な演技を強いられながら生きている。しかし、子どもはいつまでも子どもではない。それに気がついたときはどうなるか。寺尾氏の答えは次のようなものだった。

「そういう家の子には、思春期になって自分がされてきたことがマヤカシだったと気づく子が多いんです。感性として嘘臭さを嗅ぎ取るんでしょうね。そこで急に、今までやらなかったいろいろなことをやるようになります。それを始めると、途端に親はどうしていいか分からなくなってお手上げになる。これも決まったパターンですね。そうなる子というのは、だいたい能力的に優れていて、小学校時代はいい成績で親にも先生にも褒められていたという子が多いんです。それがワーッとやって家裁に送られて来ることになるわけですが、面接して話を聞きますと、どんなに自分の家がおかしいか、その中で自分がどうだったかをいろいろ言います。いちばん多いのはロボットみたいだったという言い方ですね。そもそもは家庭のあり方が問題なんですが、子どもが変わったときに親が正面から受け止めて対応していないということもあるんです」

こうした非行というのは、自分たちの歪んだ家族価値に気づこうともしない親に対する、子どもたちの「造反」以外の何ものでもない。しかも、親がしっかりと対峙していれば非行にしないで済んだかもしれないのである。私はその意味で、非行には子どもたちからの「告発」という面があると言っているのだが、それが分かる人はきわめて少ない。

いじめがなくならない理由

不気味な精神の歪み

一九九八年、日本犯罪心理学会は「戦後非行の第四のピークはくるのか――最近の少年たちの変化を考える」と題したラウンドテーブル・ディスカッションを行っている。さいわい、目下のところは第四のピークとされるような事態には至っていない。しかしその折、出席者の一人である岡本潤子さん（東京家裁調査官）が述べている、

〈私が感じるのは数の変動より、目の前にあらわれる事件や少年に、これまでの非行理論でまかないきれないと感じる新しいタイプがあるからである。それらは正直なところ、大変嫌な後味を残すものであることが多い。少年に対しては、末恐ろしさや気味の悪さ、親に対しては、不可解さや不信感を感じ、調査官である自身にはどうしようもない無力感を持つ〉（『犯罪心理学研究』第三六巻特別号）

という状況はさらに強まっている。とりわけ、そこで小林万洋氏（東京少年鑑別所－当時）が語っている〈独自の内的世界を築く少年の行動化〉は、「我は天帝なり」といった声明文を出す不可解な妄想型事件として現実に数を増やしている。

では、その内的世界とはどのようなものか。その場でも述べられてはいるが、同氏も執筆している『現代の少年非行』では次のように書かれている。

〈バーチャルリアリティの世界は、うそだとわかっていながら、人を惹きつける魅力があります。ただ、問題となるのは、その仮想の世界が得てして、つらい現実から逃避する手段として、さらには、逃避から進んで、現実世界よりも仮想の世界の重みづけが大きくなり、そこでの出来事が自尊心を支える手段になってしまうような場合です。

そうなると、自分の思い通りにならない親、先生、友だちなどの身近なわずらわしい人間関係を拒絶し、自分だけの世界を築き上げて、その中で自分を「王様」にしているような状態を招きます。周囲にバリケードを張り巡らし、必死に自分を支えている状況だともいえるでしょう。そして、現実の世界で行き詰まり、自尊心が傷ついた場合に、自分が王様でいられるバーチャルな世界の出来事を現実の世界でも行おうとして、突発的な、しかも周囲がびっくりするような非行をしてしまうことがあるのです〉

先にも述べたように、父親の禁止を含めて現実の厳しさを悟らされることの少ない今の子どもたちには、仮想の世界と現実の境界がぼやけてくるところがある。しかも、身のまわりにはさまざまなヴァーチャル機器が溢れている。そうなれば、妄想への距離はそう遠くはない。しかし、私が使った妄想という言葉に、G調査官はどこか抵抗があったようだ。

「一〇代前半の思春期でしたら、誰でも妄想的なものは持つんですが、以前は現実が厳しかったから、妄想に逃げ込めなかったんだろうと思うんです。逃げ込んだ子の中には、一部ですが精神的な病気に進んだ子もいました。ところが今は、人とかかわらなくても済むようになっているので、どんどん妄想が肥大して妄想と非行が紙一重になってしまっているところがあります。まあ、あれだけ非現実的なものに取り囲まれていれば、妄想と現実の区別がつきにくくなってくる子も出てくるとは思います。いろんな意味で病理的なものが出やすいのが今の世の中で、その状況を考えずに今の子どもはおかしいと言うのはどうかと思います」

正直に言って、私は子どもたちがゲームをやっているのを見たことはあるが、自分でゲームをやったことはない。その意味では考える資格を欠いているとも言えるだろう。それは、F調査官の話を聞いたときにも感じさせられたことだった。

「突発的な行動というか、ある状況になると大きい事件を起こす子というのは、自分の心の中だけの生活が非常に大きくなっている子じゃないのかという気がします。私が扱った家庭内暴力のすごかった中学生は、テレビに好きな番組があって、それをビデオに撮っておいてくれと母親に頼んでおいたのに、母親がそれを忘れたということで、あんな奴は母親じゃない、いらない、殺す、と大暴れしています。その世界の価値のほうが母親より大きいわけです。今はビデオでもゲームでも、それだけが自分の世界になっちゃっている子というのが多いんです。

この子たちが育ってきたところには、ゲームの世界がすごく大きくなっています。その前はテレビや映画で殺人シーンが問題にされましたが、ゲームは殴ったり殺したりばかりですよ。そのゲームを一晩中どころか何日もかけてやっていて、それが何年間にもわたってやられているわけです。それに慣れてしまう感覚になっているところが、人を殴っても相手の痛みを感じないところにつながっているんじゃないか。そのことに限らず、今の子どもの不可解な行動には、その影響がまったくないとは言えないんじゃないかと思います。もっともゲームをやっている子はたくさんいますから、それだけが原因というわけではないと思いますけどね」

私がその話を「やはり」と思ったのは、それ以前に次のような新聞記事を読んでいたからだった。筆者は黒田洋一郎氏、東京都神経科学総合研究所の参事研究員という立場の人である。

〈テレビやコンピューターゲームへの熱中は、子供が家族や友人とではなく、機械とばかりつき合う傾向を生んだ。さらに、テレビやゲームには殺人や暴力の場面が数多く登場する。こうした場面が繰り返し子供の脳を刺激すると「刷り込み」現象が起こり、虚と実の判別が困難となってしまう。それだけでなく、新しい行動を獲得するために子供の脳に備わった「まね」をする性質によって、暴力行為を実行に移してしまう場合もある。……正常な意志決定をする人間を育てるには、脳を取り巻く健全な科学的環境と家庭・社会環境がともに必須なのである〉(朝日新聞『ヒトはなぜヒトを殺すか』二〇〇〇年六月九日)

バスジャックをやって乗客を殺した少年は、母親によれば神戸の児童連続殺傷事件に当初から興味を抱き、新聞記事などを切り抜いていたという。たしかに、それも真似であろう。そして、その神戸の事件以後、妄想型の事件を起こした少年の精神鑑定には「行為障害」や「人格障害」といった言葉が使われることが多くなった。

行為障害とは、従来精神病とされていた分裂病や躁鬱病ではなく、世界的な診断基準となったICD－10の分類で、幼児期から青年期に発生する反社会的行動を繰り返す「性格の偏り」とされている。つまり、精神病ではない精神的疾患ということで、そのため精神病としての処置は受けない。

それだけに非行の現場に携わる人たちには、保護観察官I氏が洩らしているような当惑も拡がっているようだ。

「わけが分からない子が増えているのはたしかですが、たとえば精神分裂のような病気かなと思っていると行為障害ということで、精神病ではないということになる。やっていることを見れば反社会性が強いというそのとおりで、ではどうしてそうなるのか、やはり精神に問題があるんじゃないかと言うと、問題はあるけれど精神病ではないと戻されてしまう。実務をやっているわれわれとしては、堂々巡りせざるをえなくなってしまうわけです。まったく分からないですよ。ただ、そういう診断が出れば、精神保健法による措置は基本的にとれなくなる。病気ではないわけですからね。結局は本人の行為を後追いをしていく中で保護観察処分を展開していかなければならないということで、何ともつらいかたちになっているのが現状なんです」

実を言えば、私にも行為障害というのはよく分からない。ただ、幼児殺害事件を起こした宮崎勤に対するような、旧来からの精神鑑定にはもはや信は置けないと感じていた。とにかく、行為障害や人格障害、あるいは小学校低学年に学級崩壊を招いている学習障害（ＬＤ）や注意欠陥多動性障害（ＡＤＨＤ）がここまで増えているということは、子どもたちの脳にどこか歪みが生じているのではないか、私はいよいよそう考えざるをえなくなった。

そして、そのことをもっとも強く感じさせられたのは、「わけが分からない子が増えている」として語ったＩ氏の話だったのである。

「規範意識というのはある意味でプラグマティズムですよね。今の子どもたちの問題は規範以前、人間としてのものがトータルとして足りないという感じがします。個々の場面ではいいことをする子もいるんですが、それが他の行動に結びついていかないケースがある。たとえば、老人ホームに行ってお年寄りの世話をしたりするのが好きで喜ばれている中学生がいるんですが、この子が同級生や教師に暴力を振るう。それも、同級生に声を掛けたのに返事をしないで通りすぎたというだけで全治二ヵ月の大怪我を負わせているんです。これは、どう考えたらいいのか、私にはまったく分からない。とにかく、そういう子がいるということです」

私が東京お茶の水にある「瀬川小児神経学クリニック」に瀬川昌也院長を訪ねたのは、そうした疑問、とりわけ「ゲームをやっている子はたくさんいますから、それだけが原因というわけではないと思いますけど」という疑問を抱え込んでのことだったのである。

生後四ヵ月で決まる脳の土台

私が瀬川医師の存在を知ったのは、〈少年事件の分析には小児神経学の目が必要です〉と書かれた朝日新聞の『ひと』欄を読んだことによる。レット症候群国際会議を主催した医師として紹介されていた瀬川昌也氏は、〈一定年齢で起きることには必ず発達が関係しています。十七歳の事件も、乳幼児期の発達の問題だし、老化も発達の反映です〉と述べていたのである。

その瀬川院長を取材して知らされたのは思ってもみないことだったが、それについて述べる前にレット症候群がいかなるものかをごく簡単に紹介しておこう。

この病気は生後半年から一年半の間に主に女の子に発症する神経疾患で、知能や言語、運動神経の発達が阻害され、常に手を揉むような動作や手を叩いたり口に入れたりするなどの動きをするのを特徴とする。ほとんど体を動かせない子から歩ける子まで症状の程度はさまざまだが、いずれも重い障害をもたらす。

その異常は遺伝子によるもので、出現率は女子一万人から一万五〇〇〇人に一人。誰もがかかる病気ではないが、それを紹介するのは幼児期の発達障害が何をもたらすかがこの病気によっても証明されるからなのである。

結論から言えば、不登校児の問題を含めて私が抱いていた「そうなる子と、ならない子」の違いはなぜかという疑問は、まずは生後四ヵ月までの正常な睡眠と、その後の「這い這い」がきちんと行われてこなかったことに起因しているようなのである。

何とも意外に感じるが、その睡眠と這い這いのありようが大脳の発達に大きく影響するようなのだ。言語や社会的理性など人間を人間たらしめている能力（脳力）は、額の内側にある前頭連合野の働きによるが、その土台となる脳の仕組みが間違いなく作られていなければ前頭連合野は正常に作動しないということなのである。

私自身がそうだったように、「這い這い」の重要性にはピンとこない人もおられるのではないかと思う。そこで、後に私が気づかされたことを先に述べておくことにする。

サルから進化した人類が、サルと決定的に違うのは、両手足を交互に前に出して歩くということである。サルも立って歩くが、両腕はだらんと下ろしている。人類はその歩き方を獲得したことで脳を驚異的に発達させるのだが、それだけにこの二つのことは密接にかかわり合っているようなのだ。

つまり、両手両足を交互に出して這い這いをし、その訓練を経て立ち上がり歩くようになるということは、進化の過程そのものの大きな節であり、ヒトとしての知能を備えるための重要な節なのである。

そして、その大仕事をするために脳にセットされた基本ソフトというべきものを、間違いなく駆動させるために必要なのが昼間起きていることで、そのため生まれた子がいちばん先に覚えなければならないのが昼夜の区別だということなのだ。

この取材でまず私は、うろ覚え程度だった睡眠の仕組みを改めて勉強させられた。ごぞんじの方も多いと思うが、人間の睡眠にはレム睡眠（Rapid Eye Movement＝急速眼球運動から命名）と、ノンレム睡眠がある。レム睡眠は逆説睡眠とも言われているように脳自体は活動を停止していない。では、レム睡眠は何のためにあるのかということだが、瀬川氏はこんな譬《たと》えでその意味を説明した。

「大人の睡眠で言いますと、フライトを終えて格納庫に入った飛行機を、そのままの姿で休ませて整備するのがノンレム睡眠なんです。一方のレム睡眠は、各部品を動かしながら整備する。つまりエンジンをかけたり尾翼を動かしたりして部品とその系統を個別に検査して整備する。急速眼球運動とか夢を見るというのは目の機能をいろいろ動かしていることですし、体を動かしているのもそのためです。その場合、エンジンを噴かしたときに飛んでしまったら困るので、飛ばないようにしておく神経の仕組みがあります。これは、簡単に言えば重力に抵抗して姿勢を維持する筋肉の緊張を落として、個別の系統だけを手動運転するわけです。ただ、各部分が整備されただけでは全体がどうなのか分かりませんから、ノンレム睡眠という自動運転で全体を動かす。整備されたまとまった状態で脳を動かして、全体を修復するということです」

この説明がなぜ必要かと言えば、胎児期の睡眠はレム睡眠が主体で、胎児はその段階から眼球や体を動かしたりしている。それは、「感覚や運動を伝える神経の経路を作っているんです。とくに重要なものとして挙げられているのは眼球運動で、これは網膜から後頭部にある視神経の中枢へのルートを作っているためなんです」ということなのだ。

では、生後の子どもの睡眠はどうなるか。それについては『睡眠環境学』（鳥居鎮夫編、朝倉書店、一九九九年）に瀬川氏が述べている文章を引いてみよう。

〈乳児は生後一ヵ月はあきらかな覚醒、あるいは睡眠の時間帯がなく、短い覚醒と睡眠の時間帯が交互に出現する。生後一ヵ月ごろから覚醒している時間帯と睡眠をする時間帯が分かれ、睡眠と覚醒がそれぞれ一つの時間帯として出現してくる。このリズムが昼夜の周期に同調するのは生後二ヵ月後からであり、その後、生後四ヵ月にかけて急速に昼間の睡眠が減少し、睡眠覚醒リズムはサーカディアンリズム（二十四時間を周期とするリズム）を形成するようになる〉

この記述の流れの中で、私がもっとも気になったのは、

〈この睡眠―覚醒の発現には、昼夜の明暗の周期と、乳児に与えられる養育行為など、環境刺激が重要な役割をもつ。とくに生後最初の四ヵ月はヒトのサーカディアンリズム形成の臨界期（限界期間）であり、新生児期からは明確な昼夜の区別のもとで養育することが必要となる。この期

間の夜間の豆電球の点灯も、リズム形成を一ヵ月遅らせることが報告されている〉ということだった。はたして今の乳児は夜間に闇を与えられているかということだ。だが、瀬川氏が言ったことは、

「驚かれたのは豆電球の結果でしょうが、それ以上に昼間に陽の光のなかで生活していないのが問題なんです。昼間の光の量が十分でないのが困る。太陽の光というのは大変に明るいもので、それをカバーするには最低でも三〇〇〇ルックスの明るさが必要なんです。しかし、マンションの部屋ではそれは無理です。そんなふうに昼間の光のレベルが下がっているところに加えて夜が明るくなっていますから、子どもにとっては実に劣悪な環境になっているわけです。これでは、せっかく上手く基本設計されている脳がそのとおりに動かない。それと陽の光の良さは、徐々に明るくなり徐々に暗くなることで、順応にはそれがいちばん重要なことなんです。要するに自然に任せておくのがいちばん経済的で、かつ効果的だということです」

瀬川氏はなるべく分かりやすく話そうとしてくれていた。しかし、昼夜の区別をつけさせることがなぜそれほど重要なのかという問いに対する答えは、そう簡単に理解できるものではなかった。

脳細胞であるニューロンは、情報（信号）を伝えるための長い「軸索」と、他のニューロンから情報（信号）を受け取るための「樹状突起」を持つ。軸索は先端で枝分かれして他のニューロ

ンとの間にシナプスと呼ばれる接点を作り、相手の「受容体」に細胞から分泌される伝達物質を送る。ただし、分泌される伝達物質は、ニューロン群によって異なる。

アミン系とされる伝達物質には、ドーパミン、セロトニン、ノルアドレナリンなどがあり、それを分泌するニューロン群ごとに、ドーパミン神経系、セロトニン神経系と呼ばれる。なお、ドーパミンは集中や好奇心、セロトニンは幸福感などの感情、ノルアドレナリンは学習や記憶の保持といったことにかかわる。

取材時点での私にあった知識はその程度のもので、アミンについての受け取り方は実にミーハー的なものであった。それらのアミンは相互制御的な役割を持っており、特定の機能をはたすというだけのものではないのである。

図を指しながらの説明によれば、それぞれの神経系は脳幹から軸索を伸ばし、セロトニン系は脳の全域に、ノルアドレナリン系も後頭部は少なくなるがほぼ全域に枝を伸ばし、ドーパミン系は前頭葉に集中して拡がっている。そして、これらの神経系は胎児のうちからシナプスの形成やニューロンのネットワーク化を進めているが、それが強く働くのは生まれてからだとのことだった。瀬川氏は、今度はそれを野球に譬えた。

「生まれてくるまでのニューロンは脳のしかるべきポジションに十分な数が配置されます。しかし、いかに優秀な選手を集めたからといって、いいチームはできません。それぞれの選手が役割を自覚してチームワークをとり、監督の言うことがきちんと伝わって実現されなければいけない。その作業を脳は生まれてからやるんです。それをセットするのがセロトニン、ノルアドレナリンとドーパミン神経系です。セロトニン系とノルアドレナリン系は脳内に広く枝（軸索）を張りますが、発達に関係する枝は人間では一歳半か二歳で役割を終えてなくなります。

その間が脳の発達に重要な時期なのです。ですからこの間に、しかるべき環境刺激がしかるべき強さで与えられていないといけない。ドーパミン系はだいたい遺伝的に決められたタイムテーブルに従って刺激を与え続けますが、セロトニン系は環境要因に左右される神経系なので、とくに環境が問題になります。その環境刺激としてもっとも重要なのが、昼間目を覚まさせるための刺激なのです」

では、それがきちんと行われなかった場合はどうなるか。先の『睡眠環境学』では、こう述べられている。

〈乳児期早期の睡眠覚醒リズムの発達が障害されると、乳児期およびそれ以降に対人関係の発達障害、同一性の保持など自閉症の徴候を出現させるとともに、抗重力筋筋緊張低下をきたし、これが乳児期後半の上下肢協調運動の発達障害（這い這いをしない、できない）をもたらす。さらに、このリズムの障害は幼児期前半に出現する左右大脳半球の機能分化の発現の遅れをもたらす。これは利き手決定の遅れ、ひいては言語の発達の遅れにつながる〉

不登校を増やす睡眠障害

こうした話を耳にしながら、私が改めて感じさせられていたのは「寝る子は育つ」という言葉の正しさだった。だが、その問いに対する瀬川氏の答えは、逆から始まった。

「子どもの脳というのは、生まれてまず昼間に起きることを勉強します。何と言ってもそれが大切なことで昼間起きていないとどうしようもない。そして生後四ヵ月になって、起きている時間が昼間に、眠っている時間が夜に集中するようになったとき、初めて夜の睡眠に成長ホルモンが出てきます。また、さらにその状態が続いて六歳ぐらいになって昼寝がなくなったとき、寝入った最初に深いノンレム睡眠（除波睡眠）が集中して出現するようになり、そこで成長ホルモンが高濃度に分泌される。寝る子は育つは、まず昼夜の区別ができることなんです」

昼間起きているのは深い睡眠に入るためにも必要なのだが、生後四ヵ月までのリズムはできていても、その後の睡眠・覚醒リズムがきちんとしなかったらどうなるか。乳児期後半に昼間の覚醒刺激が十分でないと、まずは昼寝がいつまでも残ることになる。

そして、〈そうした幼児期の環境障害の多くは睡眠相後退現象（眠りに入る時刻と目覚める時刻の遅れ）として現れるが、これは小学校高学年、中学校年代での不登校につながる。また、外的または内的要因による睡眠相の後退が幼児期後半に出現すると、十歳代までに強迫観念の発現をもたらすことがトゥレット症候群（チック症）の研究から予想されている〉ということなのである。

正常な発達は何よりも睡眠覚醒のサーカディアンリズムの形成にあるということだが、それがあって初めて、他の神経経路、とくに間脳のホルモンや体温のサーカディアンリズムとの同調が可能になるという。そして、体温のサーカディアンリズムは、

〈生後八～十カ月ごろから出現。幼児期後半に、明け方に最低点、夕刻に最高点をもつ成人のリズムと昼夜のリズムに従った睡眠・覚醒リズムとの同調が完成する。夜の睡眠の構成に重要な役割を持つメラトニンは、生後四カ月に夜間の分泌が始まるが、それが脳内に最も高濃度に分泌されるのは三～五歳といわれる〉

ということなのだ。睡眠相の後退というのは睡眠・覚醒のサイクルが後ろにずれているということで、そうであれば寝起きが悪くなり、学校に行きづらくもなるだろう。しかし、私のその問いに対する瀬川氏の答えは、

「不登校というのは時差ボケの状態が続いているのと同じだという指摘がありますが、そのとおりなんです。というのは、起きたり寝たりする時間と体温のリズムが全然合っていないんです。体温のリズムというのは明け方に近い深夜がいちばん低くて、夕方五時ごろがいちばん高いという周期になっていて、朝起きたときには上昇に向かっているから気合が入る。それが遅れていて

まだ低い状態にあったら、全然やる気は起こらない。だから、行きたくないということにもなります。そこで、そういう子の場合は夕方から授業を受けるようにすればいいという考えも出てくるわけなんです」

というものだった。たしかに、正常な体温リズムをもつ子どもであれば、学校で何か嫌なことがあってもはね返す気力があるが、時差ボケ状態で嫌なことにぶつかったら、まあ行きたくなくなるだろう。大人でも時差ボケ状態で朝気合いが入れられるのは、よほど心身を鍛練している人でなければ難しいのである。

なお瀬川氏によれば、時差のあるところに移動した場合、ノンレム睡眠はすぐに新しい時間帯に同調するが体温のリズムが同調するには数日を要するという。またレム睡眠も体温と同じように順応が遅れる。レム睡眠は大人では通常一時間半毎に出現するが、起床前である明け方一時間半のレム睡眠がきわめて大切で、その睡眠がカットされた場合にもっとも強く時差ボケ状態になる。そうなるのは、ドーパミンはレム睡眠で蓄えられるため、それが溜まっていないからだが、副腎皮質ホルモンが十分に出ないことも関係しているようなのだ。

そして、ともかくと瀬川氏が言ったことは、

「体温というのは、活動すれば上がってくるというものじゃなくて、そのリズムは太陽の光と同調しているんです。ですから、陽の光と一緒に生活していないと本来のリズムにならないという

ことなんです」

ということだった。困ったことに不登校の子どもは、決まったように昼夜逆転の生活になる。行けないものを行かすわけにはいかないが、それではいつになっても時差ボケ状態は改善されない。これはどうすればいいのか。

「初めは学校に行かせなくてもいいですから、昼間は明るいところで起こしておくことです。寝ちゃったとしても、さんさんと陽の当たるところで寝かしておく。それを二ヵ月ぐらいやれば、だんだんと体温リズムが昼夜のリズムに合ってきます。そうなったところで学校に行かせれば、気合いが入りやすくなっていますから続けて行くこともできるようになると思います。

昼夜逆転というのは体を動かさないことも問題で、長い目で見たらきわめて具合が悪い。小学校低学年のころに元気に活動しなかったということは、アルツハイマー病の危険因子に挙げられているんです。家でゲームばかりやっているのを許しておくのは、アルツハイマーはともかく早くボケるのを促しているようなものなんです」

瀬川氏が新聞に述べていた「老化も発達の反映」とは、そういう意味だったのである。しかし、〈家にこもりきりで深夜に眠り、昼近くまで寝ている母子〉がいることを知り、いったい子どもたちの現状はどうなっているのかと取材を始めたという瀧井宏臣氏のルポ（「乳幼児たちのライフハザード」『世界』二〇〇〇年五月号）は、唖然とする現実を伝えている。

〈都内七八〇の公立保育園の園長らでつくっている東京都公立保育園研究所の矢澤良子会長が、最近の園児を見ていて最も気になるのは生活の夜型化だという。保育園では入園の際に必ず面接をして、園児の家庭生活について詳しく事情を聞くのだが、四年前には寝る時間が十一時を過ぎる子どもが出たことが、話題になった。ところが、今では深夜近くまで起きている子は珍しくなく、毎晩九時前に寝ている子どもがいると、逆に感心してしまうのだという。……夜型化の理由としては、親の生活に引きずられ、ずるずると夜更かしをしているケースが多い。かつては、親と子どもの生活は峻別されていたが、今では境界があって無きがごとしになりつつあるようだ〉

また、文部省が一九九九年に日、韓、米、英、独の五ヵ国の子どもを対象に行った調査によれば、〈テレビやビデオを一日三時間以上見る日本の子どもは四七％に達し、他の国より一〜二割強多い。塾やテレビゲームにかかりっきりになったりしているせいか、「太陽が昇るところや沈むところを一度も見たことがない」という子が二三％もいた〉（朝日新聞『どこかヘンだよ日本の子ども』二〇〇〇年二月五日）ということなのである。

現在、小中学校の不登校は一三万人を超えるにいたっている。そこには、いじめの問題や学校や教師のあり方も大きくかかわってはいるだろう。しかし、一三万人という数の多さは、はたしてそれだけだろうかと思わせる。おそらくその数は、日の出も日没も見たことがないと言う子の増加と無縁ではないはずである。

話を戻せば、この体温リズムの形成が始まる生後一〇ヵ月ごろから、幼児は「這い這い」を始める。これも先に見たように、生後四ヵ月までに昼夜の区別がきちんとついた睡眠覚醒リズムが作られていないと自然にやるようにならないとのことだが、この這い這い自体が以後の脳の発達に重大な影響を及ぼすということなのだ。

「レット症候群というのは、這い這いや手を振って歩くことができないために大脳連合野が形態的にも機能的にも十分に発達せず、動かなくなった病気と考えられています。足の甲を床につけてする這い這いと、自然に手足が交互に動く歩行は人間にしかできない。サルにはできません。この手足を交互に動かす運動に関係する神経が、発達過程で中枢に投射する経路を介して前頭葉などを活性化させ、脳の部位別機能分化を進めて知能を発達させていくと考えられています。おそらくこれがセオリー・オブ・マインド（心の理論）と呼ばれている、人の気持ちが分かるという能力の形成にも関係しているんじゃないかと思います。つまり這い這いをしっかりやらせないと、人間に固有の社会的な知能が出てこなくなる恐れがあるということです。

昔は家庭に這い這いをするスペースがありましたが、今はその広さがない家庭が多いために赤ちゃんはすぐに家具につかまって〝つかまり立ち〟をする。そうなると、立てたということで歩行器に乗せて歩かせてしまう。歩行器は足しか使いません。足と交互に動かすべき手を動かさない。それが問題なんです」

要するに、今の子どもたちに起きている問題には、幼児期の子どもへの親の対応が大きく影響しているようなのだ。昔は当然だった、早く寝かせて早く起こすことをはじめとする基本的な躾がおろそかにされている結果とも言えそうなのである。そして、そのことについての瀬川氏の言葉は、「叱る」「褒める」ということの意味と重要性を改めて認識させるものだった。

「睡眠覚醒リズムにかかわるセロトニン神経系というのは、強制してはじめて動くようになっている神経なんです。だから厳しく躾ないといけない。それに対してドーパミン系の神経は、ご褒美をもらえないと元気が出ない。目標をもったところに集中して活動する神経ですから褒められると非常に頑張る。子どものときはドーパミンはたくさんあって、受容体も多いですから何にでも興味をもってやりたがる。子どもが多動で落ち着きがないのはそのためなんです。

昼夜を区別してセロトニンを誘発することが必要なのは、セロトニンはドーパミンの制御役だからなんです。それがちゃんとしていないとドーパミンの活動が行き過ぎても押さえることができない。昼夜の区別のついた生活をきちんとさせる躾をし、目的をもった行動ができたときにはおおいに褒める、それを間違いなくやることが大切なんです」

日中の活動が低下して深い睡眠がとれず、セロトニンが減ってドーパミンが変に活発になることは、まずは多動になるということだが、それだけではなかった。小学校時代には無気力になって依頼心が強くなり、中学三年ぐらいの年代で甘えの反面の粗暴行為が出てくるようになる。また、セロトニンの減少は対人関係に問題を起こしがちで、環境への適応を難しくするということなのである。

そうだとすれば、不登校はもとより、問題になっている注意欠陥多動性障害（ＡＤＨＤ）も、いじめや度を越した暴力も、友だちをつくれない悩みも、すべてここに根があるということになる。そして、その問いに瀬川氏はこう答えた。

「すべてがそのためだとは言えませんが、影響していることはたしかです。ですから、遅くとも幼稚園の卒園から小学校の一年ぐらいまでの間に睡眠覚醒リズムをきちんと作っておかなければいけないということです」

「復讐」に向かう脳

保護観察官Ｉ氏に「分からない」と言わせた、お年寄りを大事にする一方で仲間や教師に暴力を振るっている少年のケースは、私にも不可解だった。しかし、その問題に対する瀬川氏の答えは、淡々たるものだった。

「良いことにも悪いことにもワーッといっちゃうのは、しかるべき年代までに深い睡眠がとれていなかったためにドーパミン経路をコントロールできなくなっているということなんです。そうなると自分にとっていい環境ではやさしいんですが、無視されるという環境になると凶暴になります。これは、動物実験でははっきりしていて、イエネズミをそういう状態にしておいてハツカネズミを餌として入れると、いい環境で気分のいい状態のときには自分の食べ物であるハツカネズミの毛繕いをします。ところが、ちょっと悪くされた環境、他から隔離された状況に置くと、食べる必要がなくても殺しまくっちゃう。要するに、セロトニン神経系が鍛えられていないため、受容体が過敏状態に置かれたドーパミンの過剰な活動を抑えることができない状態になるということです」

たしかに、甘やかされて育った子にはそういうところが見受けられるが、それは何よりも睡眠覚醒が自堕落にされてきた結果と受け取っていいようだ。では、G調査官が語った「自分が受けた心の傷や思い通りにならない不満を一人称的に思い悩んで復讐を考える」ようになるのはどうしてなのか。その問いに対して、瀬川氏はまずこう言った。

「睡眠覚醒リズムの異常でノルアドレナリン神経系が障害されると、覚えるけど忘れないということになるんです。これは修正が効かないということで、具合のいいことではありません。ですから、嫌なことを全部覚えていて、それを根にもつ、恨みをもつというかたちで出てくるわけです。修正が効かないからそのままで、それがいちばんの問題です」

われわれが記憶するのは、そのことを覚えておくことが生きていくうえで必要だからで、繰り返し思い出す必要のないことは忘れていく。そこで、次々に記憶し、次々に忘れていく。そして、自分にとって本当に必要なことだけが記憶として残っていく。

誰でも嫌なことは覚えていたくないが、意識的に忘れることはできない。それを自然に忘れさせるようになっているのが、記憶の可塑性（柔軟性）というもので、だからわれわれはさほど過去にとらわれることなく生きていける。

ノルアドレナリン神経系というのは、そうした学習にかかわっている神経系なのだが、そこが障害されるとこの可塑性がダメになる。つまり、覚えるけれど忘れないということになるわけである。明らかにこれは正常ではない。ただ瀬川氏は、その正常でないことが逆に「プラスとされる面もある」として次のように語った。

「覚えるけど忘れないというのは、自閉症の子がそうなんです。最初に入ったパターンを覚えていて、決まったことはきちんとやれる。そこで最初に数が頭に入ると、算数から高等数学までどういう頭の回転でやるのか分かりませんが、ものすごい才能を発揮することがあります。他のことは全然できませんがね。また、睡眠覚醒リズムの異常でノーマルな子がそうなった場合も、ドリルなんかを早期教育でやらせると、答えがあることについてはどんどん伸びます。そして、偏差値の上のほうに行ってまっすぐに一流大学に入る。けれども、そういう人は答えが出ないことにはすごく困る。それでも学歴社会ですからエリートコースに乗るわけです。

しかし、行政機関であれ学問の世界であれそういう人が指導的役割に就くと社会としてはちょっとまずいことが起こる。批判する人がいればいいけれど、修正しませんから硬直化が起きるんです。それと、答えの出ないことは分からないから、おかしなことも起こる。何でそんなことが分からないのかと思うような汚職で捕まるキャリア官僚がいるというのが、その例です。勉強の面で優秀な人にはときどきそういう脳の持ち主がいるということです」

私が瀬川氏への取材で何より感じさせられたことは、臨床医としてレット症候群や自閉症という難病に取り組んで研究を深め、国際会議を主催するほどの医師の重要な知見が、なぜ一般に知られていないのかということだった。ことによれば、ノルアドレナリン障害型エリートによる硬直化がそれを阻んでいるのではないか、そんな気がしてならない。

この取材中、私には新たに気になりはじめたことがあった。それは先にも引いた〈外的または内的要因による睡眠相の後退が幼児期後半に出現すると、十歳代までに強迫観念の発現をもたらすことがトゥレット症候群の研究から予想されている〉ということなのである。

実際に増えているかどうかは分からないが、事件を報じる最近の新聞には（絶えず手を洗わないと気が済まない）不潔恐怖症といった強迫神経症を指摘する記事が目立つからなのだ。

私の友人にも強迫神経症の人がいるので、事件と関連づけるような記事にはひどく不快なものを感じるのだが、その人たちの苦しみも知っているだけに、もし増えているとすればなぜなのかと気になったわけである。

トゥレット症候群というのは、絶えず目をしばたたいたり首をカクンカクンと曲げたりするいわゆるチック症のことだが、多くは注意欠陥多動性障害（ＡＤＨＤ）や強迫観念あるいは強迫神経症を併発する。

大部分は一〇歳前後に発症し、睡眠相の後退を起こすこともあって不登校を招きやすい。強迫観念や強迫神経症は一二歳ごろから出現し、それとともにチック症状を示すようになる。そのため、社会的孤立をもたらすことが多く、中には自傷行為を起こす場合もある。

従来この病気は心身症あるいは心因性の疾患と考えられてきたが、近年にいたってドーパミン神経系およびセロトニン神経系の異常によって起こることが分かってきた。そして、瀬川氏らが患者に対して行った終夜睡眠ポリグラフによる研究で、幼児期後半から思春期にかけての睡眠相後退現象による睡眠覚醒リズムの障害が招いていると考えられるようになっている。

いったい、トゥレット症候群というのはどういうものなのか。その問いに、まず瀬川氏は、「チック症というのは、ドーパミン神経系がちょっと早く発達しすぎた結果の症状なんです」と言ったが、それに続く説明は発達の根幹をなす仕組みを明らかにするものだった。

「ドーパミンは幼児期の早い段階では脳の中にたくさんあります。それは、前頭葉を中心とした脳の機能を発達させるためなんですが、その一つに対人関係のための機能があります。同じ年代の子どもや、親以外の大人と接するときに適切な対応ができるようにするプログラムが脳の中にセットされているんですね。そして、子ども同士や親以外の大人と接触したときには、大量のドーパミンが分泌されてそのプログラムが動き、準本能的な反応としての行動が出てくる。これがあることによって、人間は社会的動物として生活していけるんです」

このことは後に尋ねることになるが、私が感じていた〝不器用さ〟というのは準本能的な対応に根があったようなのである。それはそれとして、チック症はどうして起こるのか。

「チックになる子どもはドーパミンの分泌が少ないんです。そこで、友だちとの付き合いの中で、このプログラムを動かさなければならなくなると、ドーパミンの受け皿である受容体の数をワッと増やして対応しようとします。このとき、しばしば過剰にドーパミンを取り込むためにチックが起こるんです。対人関係のプログラムは実行に移されるわけですが、取り込みすぎたドーパミンによって、表情や身振りや発声に制御できない動きが出る。それが運動チック・発声チックになるわけです。この受け皿（受容体）の増加というのは、たとえばオイルショックのときみたいなもので、生活必需品（ドーパミン）が不足するからと消費者が大挙して押し掛けるのと同じ状態なんです。

それとチック症では、セロトニン神経系の活性も低下しています。ですから、日中の活動を活発にして、同じ年代の子どもの二割増ぐらい体も頭も使わなくてはいけない。それによって入眠時に深い眠りをとれるようにすると、よく気がつく、注意深い、人の気持ちがよく分かるというよい性格が前面に出てきます。ところが、これまではチックを心身症ととらえてやさしく扱っていたところもありました。しかし、過保護的なカウンセリングをしますと、気になる、こだわる、気楽に人と付き合えないということになります。チックの人には割に優秀な人が多くて各界で活躍していますが、そういう人は幼いころそれなりに厳しく育てられているからなんです。それが厳しくやられずに深い睡眠をとっていないと、こだわったり無気力になったりして、社会性が未熟になっていくということです」

チックの子はそれを克服しようとして大変に苦しむ。まして、フツーであることが強迫観念のようになっている現状では、きわめて生きにくい。むろん親も苦にしているだろうが、それを招いたのは何なのか。親自身が自分にやさしくあるための無定見な「やさしい家庭」は、ここでも厳しく罪を問われるのである。

不器用さは準本能的対応のなさ

私は本書の冒頭に、今の子どもたちはおしなべて人付き合いに自信がないと書いた。では、なぜそうなるのか。最近は人との関係を上手く結べない子が多いのだが、という問いに対する瀬川氏の答えは次のようなものだった。

「人付き合いにはセロトニン神経系が関与しているので、環境からの刺激が重要になります。生後四ヵ月までに十分な環境刺激によって昼夜の区別に合った睡眠覚醒リズムができていないと、親子の対人関係という習わなくても本能的にできる関係がうまくできなくなります。それと、生後一〇ヵ月ぐらいからは親以外の周囲の人から、ソシアル・キュウ（Social Cue）と呼ばれる刺激を受けることができるようになります。要するにお母さんの刺激だけじゃ足りなくなりますよということです。とくに幼児期からは、まわりに子ども仲間や大人がたくさんいる状態の中でいろんな社会勉強をさせておかないと、準本能的な行動が出てこなくなる恐れがあります。

さっき言ったプログラム、準本能的な行動パターンというのは、共感や感情移入や適切な社会的応答ができるようになるための仕組みなんですが、外からの刺激がないと動かないんです。ここでもっとも必要なのが、就学前に子ども仲間でワアワア遊んでいるときの刺激なんです。おそらくここで、心の理論と言われる、人の気持ちが分かるという神経が動くようになるんだと思います。しかし、それがなくてこのプログラムが動かないと、人間としての社会性が発現しなくなります。人の痛みが分からないのは共感性を欠いているということで、そうなれば人を殺すことも平気でできてしまう。そういうことをさせないためにこの機能があるんですが、その環境刺激がなくてセロトニンが誘発されなければそうなってしまうということです。本来、子どもは地域の環境にも育てられているんです。ところが今は、外に出れば誰か遊べる相手がいるという環境がなくなっている。それがいちばん問題なんです」

そうであれば、人付き合いが下手だということは、準本能的な社会的応答が自然に出てこないためと考えられる。つまりは、セロトニンを誘発されるだけの環境刺激を受けていない結果ということになるが、ここで瀬川氏の話はいじめの問題に移った。

「いじめについては、親や先生がいじめはいけないと教えていないからだとよく言われますが、本来は準本能的に歯止めが掛けられているもので、教えられたからやらないというものじゃないんです。いじめは昔からありますが、昔はあるところで手を引くという抑制がありました。自然にそうなったのは、とことんやったら種が絶えることにつながってしまうということで、本能的にそうさせないための仕組みが脳に備えられているからなんです。

幼稚園から小学校にかけての年齢になると、子どもはいろんな友だちや大人たちと接触するようになります。そうなれば嫌なことや困ることにも遭遇して、子どもなりにストレスを感じることになる。そういうときの子どもの反応は十人十色ではなくて、だいたい決まった範囲から出てきます。それは、準本能的な行動パターンから出てくるからなんですね。というのは、十人十色の反応をさせたら刺しちゃうという反応も出てきてしまうかもしれない。そういうことになってはならないから、普通では絶対に出ないようになっているわけです。ただ、そのための仕組みはあるけれど、準本能的な行動パターンが出るようになるためには、きちんとした睡眠・覚醒リズムと、子ども同士や大人からの活発な環境刺激が必要なんです。それがなくなってしまったから限度のないいじめがいつまでも続いているということなんです」

現在、子どもの発達に必須な環境刺激は、少子化と都市化によって大きく損なわれている。こうなれば親や周囲の大人が意識的にいい刺激を与えるようにしなければならないのだが、現実はテレビやゲームなどの〝一人遊び〟を増やす逆の方向に進んでいる。

そしてゲームについては、F調査官が語っていたような好ましからざる影響が案じられているが、この問題についての瀬川氏の答えは、はっきりと悪影響を指摘するものだった。

「今はPETスキャンで脳の働きを調べることができるので分かるんですが、ゲームをしているときの脳はドーパミンの伝達が亢進しています。ドーパミン神経系というのは、いいことがあると頑張るという報酬系の神経ですから、ゲームに出てくる特定の場面や動きに強く動機づけられるところがあります。しかも、反射的にやるので考えることがありません。

ですから、これはゲームなんだと自覚できる衝動を抑制させる仕組みができていればいいんですが、そうでないと変なのが来たら殺せばいいという感覚をおかしいと思わなくなってしまう。つまり、厳しく育てられていないために睡眠・覚醒がはっきりしていないような、セロトニンの抑制が利かない状態でやっていると、ゲームで植え付けられたものを現実にやろうとする衝動に歯止めがかからなくなる可能性があります。同じようにゲームをやっていても、おかしくなるかならないかを分けるのは、準本能的な行動や仕組みがちゃんと発現できるようになっているかどうかなんです。発現できるためには子ども時代の特定の年齢に、遊び仲間や大人の間で刺激を受ける必要があるわけですから、ゲームはやらせないほうがいいということです」

神戸の児童連続殺傷事件や佐賀のバスジャック事件など、社会を震撼させた事件を起こした少年には、病理的な問題は別として、友だち付き合いが上手くできずに孤立し、家でゲームやパソコンに耽り、その状況の中で妄想的なものを膨らませ、現実にそれをやってしまったというケースが多い。

神戸の少年や佐賀の少年が、いじめられていたかどうかは定かではないが、孤立していたことはたしかだろう。また、二人ともヴァーチャルな世界と現実世界の境界が溶け合ってしまっていた。この二つは、ともに準本能的なものの発達に問題があったということになる。

そう考えてみれば、これまで不可解と感じてきた少年事件も幼児期の発達障害という視点、とりわけ環境刺激の面から見直してみる必要があるように思う。端的に言えば、なぜ孤立化するかということだが、準本能的行動パターンをめぐる瀬川氏の話は次のように続いた。

「これまでお話してきたように準本能的な行動パターンは、ドーパミンの分泌が少なかったりセロトニン神経系が十分に活動しなかったり、つまり深い睡眠がとれていなかったり、外からの刺激が弱かったりすると、うまく実行に移されません。

そんなふうに準本能的に自然に出てくる行動がないままに中学生になると、そういう準本能的な行動を見習って覚えるというかたちになるんですね。そうなると、会話や行動や友だちとの付き合い方が、外国語を使っているようなぎごちないものになってしまう。その場合、まわりの子どもたちが、あいつはぎごちないけれど特別なんだからと認めてくれればいいですが、子どもはまだそのレベルには達していません。そこで、自然さを欠いた言動が何かと気にされていじめられたり、逆に突っ張っていじめる側になったりします。準本能的な対応ができないということは、そういうことの元になるということなんです」

いじめられている子は、その子の将来のためにも温かくカバーしてやらなければならない。ただ、その意識が強すぎるせいか、なぜいじめられるのかという考察はあまりされていない。私はそれを不器用さととらえていたのだが、その根は幼児期にまでさかのぼる深いところにあったということだ。

はっきり言って、これも育てられ方の問題である。まずは幼児期の親の対応だが、瀬川氏が言うソシアル・キュウのなさ、子どもが地域の環境に育てられていないということも、親の問題なのである。

今のサラリーマン家庭は、モノやサービスを得る以外に社会を必要としていない。それは、高度に発達した資本主義がもたらす必然でもあるだろうが、一面では「個としての快適さ」を求めて近隣とのかかわりを煩わしいと避けてきた〝タコ壺化〟の結果でもある。

しかし、親が地域社会に背を向けていれば、子どもは自分を育ててくれる環境を失うことになる。それは、何をもたらすか。

家庭裁判所調査官の職を終えた後、神奈川県教育センターで「いじめ相談」に携わってきた野口のぶ子さんが発表されているケース（『会員論集』日本生活指導学会・現代家族問題研究会編）は、それこそが〝いじめられっ子〟を生んでいることをはっきりと物語っている。

私が野口さんを識ったのは少年法改正問題を通してで、その後には取材に応じていただいている。現在は「いじめ相談」を辞め、複数の高校でスクールカウンセラーをされているとのことで、過日電話した折りの話では「相談といえば、友だちができない、友だちが欲しいばっかりなのよ。どうなちゃっているんでしょうねぇ」という言葉が耳に残っている。

なお、次に紹介する内容は、私が要約させていただいたものであることをお断りしておく。

いじめられっ子を生み出す環境

野口さんの調査報告『いじめ問題と子ども・親・学校』は、初めにこう述べている。

〈家裁調査官を経て、教育機関で非常勤の相談員をしている私は、思いがけず、非行とは違った世界で生きづらさを抱えている子どもたちに出会った。それはいじめ・不登校の子どもたちである。

いじめ・不登校の子どもたちが、ほとんど例外なくといってよいほどに共通して持っている悩みのナンバーワンは「友だちができない。仲間との人間関係がうまく行かない」である。

そのうちに、非行少年に日々対応している現場からも、「最近の少年たちは人間関係が希薄である。あるいは人間関係を持とうとしない子たちが増えてきている」との声が聞こえてくるようになった。

いじめ問題のみに焦点を当ててみても、私の相談現場では、いじめの態様がここ二～三年で、暴力的なものから、仲間はずれ、無視といった人間関係からの疎外、あるいは破壊を意味するものに大きく移行してきている。

また、その後には〈これらの仲間外れは、もともとは自他ともに仲良しグループと自認していた者たちの間が、ある日突然分極化して起こるものがほとんどである〉と述べられている。

さて、そのケースだが、中学一年のN子は入学早々の四月から登校をしぶり始め、五月、六月と次第に激しくなり、やがて仲間外れのいじめを訴えるようになる。具体的には、陸上競技が得意だった彼女は部活に陸上部を望んでいたのだが、同じクラスになった小学校時代からの友だち二人がバレー部に入るらしいと知ったためバレー部に入ったところ、二人は陸上部に入部。仲間外れにされたと感じる。また、座席近くの男子生徒から何かにつけて早く早くと急かされたりなどして、登校しぶりが始まり、朝シクシク泣いたり、腹痛や頭痛を訴える。

六月の体験学習キャンプでのカレー作りでは班に入れずに孤立し、釣り道具を忘れたため釣りにも参加できず、以後登校しぶりが激しくなる。さらにその後、苦手の水泳でからかわれるのを恐れ「いじめられるために学校に行くのはいやだ」と休み、「どうするの！」と詰問する母親に「学校と同じことしか言わない」と激しく反発する。そこで母親が学校に相談するが、「特段のことはない。本人が自立心を持つように」と言われ、学校側からの示唆で「いじめ相談」を訪れる。

N子の家庭は、中小企業サラリーマンの父親（四二歳）と母親（四一歳）、小学校一年の妹の四人家族。母親は専業主婦だが通信制の私立大学に在学していた。なお、同居はしていないが、母方の祖母（六二歳）との交流が密で、N子と妹は子育ての支援を受けている。父親は家庭内での実権はあまりなく、父母は物心両面にわたって祖母に依存していた。

母親はもともと結婚願望は薄かったのだが、交際していた父親から結婚を望まれてしぶしぶ承諾。妊娠・出産にも消極的だったが、これも父親のたっての願いでN子を産む。それだけに、育児にはまったく自信がなく、育児書に書いてないことはすべて祖母まかせで解決した。

N子が三歳のとき、祖母の資金援助を受けて公団の分譲マンションを購入。その団地にはN子と同年の子どもが二〇人近くいたが、母親は団地住民との交流を望まず、N子は団地の子どもたちが入った幼稚園とは別の幼稚園に入れられる。

団地の子どもたちはマイクロバスで通園していたが、N子は一人別に歩いて幼稚園に通う。また母親は、N子を遊ばせるときも団地の公園を避け、少し離れた公園に行った。当然、地域に友だちはできなかったが、母親はいとこたちとの交流があればいいと考えていた。

N子が小学校に入ったと同時に妹が生まれ、母親の関心は妹に集中した。母親はN子が学校でも友だちができないのを一応は案じて、一年のときから英語とピアノ教室に入れる。三年からはそれに絵画教室が加わり、四年からは学習塾にも通うようになる。

N子は地域でも学校でも友人関係に気を使い、登下校時など三人とか五人の奇数グループになると、自分が偶数組の〝余り一〟になることを恐れて自分から先に身を引いたり、また、予約しないと誰とも遊べないというところもあった。

N子が小学校四年になった年、母親が私立大学の通信制に入る。その夏休みから、母親がスクーリングに通う期間、N子と妹は祖母の家に泊まり込むことになる。当時のN子は、母親より祖母に、父親より祖母と同居している叔父に、親しみを感じている。

このころから母親はN子にまとわりつかれるのをうっとうしく感じ、邪険に扱うようになる。自分だってやりたいことがあるのだから、N子に早く自立してほしいと思ったという。こうしてN子は中学に進み、いじめられ不安に怯えながら孤立し、登校しぶりを始めたわけである。

このケースを生み出したものについて、野口さんは「祖母の丸抱え」と「地域と断絶した子育て」を挙げ、概略次のように述べている。

〈母を飛び越しての祖母の丸抱え孫育ては母にとっても子にとっても過干渉そのものである。母も子も自立は先送りされる。子育ての困難にぶつかると、すぐ祖母の陰に隠れる母から、子は真の愛情を感じたり信頼感を抱くことができるだろうか。親子の情緒的な感情交流も乏しかったことがうかがえる。……母はこの後、定期的に相談機関を訪れるようになり、N子も少しずつ立ち直りを見せるようになるのだが、私は、母が初めて祖母と一緒ではなく、一人でN子のために相談機関に通い続け、N子の苦境に立ち向かう姿勢を示したことが、一番大きな立ち直りの契機となったのではないかと思っている〉

〈この事例は、母が先ず地域との人間関係に当初から消極的であり、パワフルな団地族との交流を敬遠し、どこまでも家族の交際圏を親族共同体に限定しようとしていた感がある。その結果幼稚園選びも、遊び場選びもわざわざ地域から離れたところを選び、就学前の遊び体験は極めて貧しかったことがあげられよう。さすがに就学後は、学校に親しい友だちがいないことを気づかい、今度はお稽古事に通わせているが、それがますます地域の友人関係から疎遠になるという皮肉な結果になっているのだが、当初は気づかなかったようである〉

代を重ねて進行している少子化は年を追って親の経済力に依存する家庭を増やし、これも増え続けている人間関係を苦手とする親たちは地域に背を向けてタコ壺化している。そう考えれば、こうしたケースはどこにでもあるケースと見て間違いないだろう。

いったい、ここまでのいじめの蔓延は何なのか。瀬川氏によれば、いじめっ子といじめられっ子は同じコインの裏と表にすぎない。しかしその親たちは、たがいに非難し合い学校を責めるばかりで、いささかも自分たちの生き方を省みようとはしない。子どもに死を招かせるほどの苦しみをもたらしたのは誰なのか。私は、はらわたが煮えくり返るような思いがする。

なお、野口さんは次のようにも述べている。

〈かつての家庭と学校の隙間を埋め、子どもたちの善行も悪さも大らかに包み込み、喧嘩のルールを学び、自治能力を育んだ子ども王国としての地域は消失してしまったのだろうか？　子どもたちはどこで対人関係能力を学べばよいのだろう〉

はるかな昔から戦後二〇年ぐらいまで、子どもたちは「遊びをせんとや生まれけむ」と詠われた姿そのままに戸外で遊び暮らしてきた。私たち世代は、家でぐずぐずしていると「子どもは風の子」と追い出されたものだった。

しかし、今この時間にも、十分に陽の光が当たらないマンションやアパートで、昼夜変わらぬ蛍光灯の光の下に寝かされている乳幼児は少なくあるまい。また、畳の部屋を減らした洋風の間取りでは、這い這いもままならなくなっているのではないか。さらに、少子化は遊び相手となる仲間を減らし、無機的に都市化した街は走り回るための泥と緑の空間を失わせた。

こうした環境の中で、子どもたちは人間になるための原初の発達を阻害され、そのための未熟さゆえにさまざまな面につまずきを増やし、非行や引きこもりへの道をたどっている。

だが、その劣悪な環境を作った大人たちは、誤りを意識することすらなく、一四歳の少年をも刑務所に送ることをよしとした。今という時代に生まれた子どもたちの不運を思うばかりである。

個人主義が歪める脳

他者のいない心

瀬川氏を取材した二〇〇〇年一二月、東京では二つの不可解な少年事件が起きている。一つは一七歳の少年が「人間を壊してみたかった」と新宿歌舞伎町のビデオ店に手製の爆弾を投げ込んで爆発させた事件、もう一つはこれも一七歳の金属バットを手にした少年が、渋谷駅周辺の通行人に無差別に殴りかかった傷害事件だった。

また、兵庫県では交際中の一六歳の少年と少女が強盗目的でタクシーに乗り込み、運転手の首を刃物で切りつけて殺害し、売上金を奪う事件を起こしている。

この三つの事件に共通しているのは、人間を人間と見ていないということ。E調査官が言う「被害者を人と見ていないんです。それぞれ生活があって感情があって、痛みもある人間だという感性というか認識がない」ということである。要するに他人の痛みが分からない未熟さ、瀬川氏が述べている「心の理論（theory of mind）」、人の心が分かるという能力を欠いているがゆえの犯行と見ていいだろう。

では、「心の理論」と称される脳の機能とはどのようなものか。脳科学者の澤口俊之北海道大学教授は、その発生を次のように言う。

「心の理論というのは人類が進化の過程で獲得したいわば言語みたいなもので、私は言葉とほぼ同時に発生したと考えています。言葉というのはコミュニケーションのためと思われていますが、実はコミュニケーションの手段としてはあまり適していないんです。人間の声は囁き声に近いもので、遠くには伝わりませんからね。それからしても、おそらくコミュニケーションというのは二次的なもので、一次的には対象や相手をシンボル化するために必要だったのではないかと思います。この場合、何より重要なのは男女関係を含めた社会関係ですから、相手の行動をシンボル化し、相手がどう考えているかをシンボル化していく。そこで、人の気持ちが分かるとか、シミュレーションするという心の理論が作られ、多分そこから言葉が生まれてきたのではないかと思います」

人類は言語を獲得したことによって、驚異的な進化を遂げた。その進化とは前頭連合野の発達だが、澤口氏はこの脳機能の主たる働きを「社会的理性」だとしている。それは、社会の中でうまく生きるために、状況に応じて自分の感情や衝動や欲望を適切にコントロールすること。さらには自他の心を理解し、適切なコミュニケーションを営み、自分の幸福のみならず他人の幸福をも祈り手助けするような働きで、その中核にあるのが心の理論のようなのである。

そうであれば、われわれが「人間性」と呼んでいるものは、心の理論や社会的理性そのものということになり、それが未発達だということは人間性を欠いているということになる。そのような存在には、われわれが当然視している人間性や人間としての規範意識という物差しは通用しない。

最近の少年事件に感じる不可解さはそのためであって、単に未熟と受け止めていては間違うことになる。未熟や非常識と映る少年や若者たちのありようは、実はそういうことのようで、それだけに澤口氏は、「心の無理論が社会を滅ぼす」(『ちくま』二〇〇〇年一二月号)と題してこう述べている。

〈近頃の若者たちで目立つのは、周りの目を気にしない行動だ。人目を気にしないで路上でキスする、駅で着替える。あるいは車内で平然と化粧し、携帯電話で私生活を暴露する。さらには、授業中に悠々とパンをかじったり、携帯電話を受けたりする。彼らに共通しているのは何か？とつらつら考えて思ったのが、心の理論に関することなのだ。彼らは人間として必要な何かを欠いているようにみえる。恥とか礼儀とか気遣いとか……。色々あげられるが、要は「他者の気持ちがわからない」ということではないか。周りの人たちの気持ちがわからないから、周囲の視線を無視して勝手な行いをする。そこで「要するに」と思い至ったわけだ。「彼らには心の理論が欠けているのではないか」と〉

すでに見たように、脳幹や視床下部など「皮質下」と呼ばれる脳の土台がきちんと発達していなければ、前頭連合野は正常に作動しなくなる。そして、それをしっかりさせる睡眠覚醒リズム(サーカディアンリズム)の形成には、生後四ヵ月という臨界期(限界期間)がある。

それと同じように、言語はもとより心の理論や社会的理性の発達にも、臨界期と環境としての条件がある。こうした能力を身につけるための「脳力」は、いずれも遺伝的に備えられているが、しかるべきときまでにしかるべき環境に置かれていなければ発達しないようなのだ。

最近の研究結果では前頭連合野の発達のピークは三歳から六歳の間と判明したとのことだが、澤口氏はいずれも八歳ぐらいまでが臨界期だと言う。それまでの間に「豊かな言語にさらされる環境」がないと、言葉をうまく使えなくなる。心の理論は言葉と密接に関係しているので、そうした環境の中でしかるべき体験をしないと育まれない。また、社会的理性は「豊かな社会関係にさらされる環境」になければ十分に発達しない。そして人類にとっては、そうした環境が太古からの「普通の環境」だったということなのである。

しかし今の日本では、睡眠覚醒の環境も含めて「普通ではない環境」が「普通の環境」となってしまっている。それは何を招くか、澤口氏は次のように書いている。

〈幼少期（臨界期）に「普通ではない環境・教育」の下で育ったらどうなるか、ほとんど自明である。社会的理性が未熟のままあり続け、感情や欲望を適切にコントロールできない状態がつづくことになる。もちろん、適切なコミュニケーションや性行動も欠いたままだ。こうした状態が容易に犯罪と結びついてしまうことは理の当然というべきだろう〉

母子密着はなぜ起こるか

人類の歴史が「普通」としてきた環境を、澤口氏は「父親からの指導と母親からの愛情を受けつつ、大人や子ども同士で多様な社会関係を繰り広げる環境」としているが、それは私たち世代の幼少時の環境であった。

私は幼稚園には行っていない。そのころ行っていた子は良家の子女ばかりで、私はそうでなかったということだが、理由はそれだけではなかった。私の両親に限らず、当時の親には「幼稚園なんかに入れたら子どもがひ弱になる」という思いが強くあったようなのだ。

私はその判断は正しかったと思うのだが、戦後の経済成長とともに子どもが幼稚園に行くのは当たり前になった。それだけに抵抗のある人もいるかと思うが、やはりそれは本然の発達環境ではないのである。

幼稚園というのは保母さんという大人を介在させた年齢輪切り社会であって、子どもたち自身がつくる子ども社会とは本質的に異なる。ここでの遊びは、多くが与えられ指導されてのもので、何もない空間での自然発生的な遊びではない。

当時の子ども社会は、だいたいは上が小学校の六年生から下は四、五歳児にいたる子どもたちが、二〜三歳ぐらいずつのブロックを形成して上下につながっていた。この社会は子どもたちが意識する縄張りで区切られた共同体で、内に対しては相互扶助的な性格を持っていた。

というのは、成長とともに保護される立場から保護する立場へと役割を代えて遊ぶことが、暗黙のルールとしてあったということだ。だから、幼児であってもそこに属することができ、集団の一員と認知される。そして、その親たちもそうであることを求めているため、決してよけいな介入はしなかった。

その中で私たちは伝承されてきた遊びを覚え、年齢ごとに遊びを変えながら仲間との付き合い方を身につけていった。むろん、口喧嘩はしょっちゅうで、小突き合いや取っ組み合いから、泣いたり泣かせたり怪我をしたりさせたりということもよく起こった。そして、その中で振るってもいい腕力の程度や、やってはいけないことを学ばされていった。それを逸脱して汚いことをやったり弱い者いじめをすれば、仲間外れという制裁を受ける。それが何よりもつらかったのは、当時の子どもは仲間がいなければ遊べなかったからである。

これは五年前に出した拙著にも書いていることなのだが、再度それを述べたのは、こうした子どもたちの世界こそが人類が「普通」としてきた環境だと思うからである。ただ、この話を伝えたもう一つの理由は、次に紹介する言葉を考えたからでもある。澤口氏は、こう喝破しているのだ。

〈近所の幼稚園や小学校の様子を見ると、「自由で自発的で複雑な社会関係」を抑えることこそが重要な教育の一つだと勘違いしているとしか思えてならない。先生たち（そして親たち）もいわゆる「いじめ」や「問題行動」にあまりにも過敏になり過ぎている。そのため、ちょっとした喧嘩やいざこざ、あるいは取っ組み合いを決して容認しない。（中略）これは声を大にして言いたいが、礼儀正しく整然とした社会関係など「普通の環境」ではない。いじめや喧嘩、いざこざ、取っ組み合い……、そういった一見ネガティブな関係と、仲良く助け合い、協力し合い、喜び悲しみ合うといったポジティブな関係が入り交じった複雑な社会関係こそが「普通の環境」に近いのである〉（『幼児教育と脳』文芸春秋、一九九九年）

幼少時の子ども社会というのは未熟さゆえに残酷なところのある権力社会で、そこに生きるためにはそれなりの知恵と勇気がいる。そこで私たちは、幼いなりに自己主張、恫喝、喧嘩、多数派工作、妥協、手打ちといったいわば政治性を身につけていった。

とにかく、体でぶつかり合うからこそ、強い相手、優れた相手にわだかまりなく従えるし、弱い相手には手加減できるようになる。また、そうした環境がなければ感情は育たないということだ。

それだけではなく、子どもは言葉さえも体を通して覚えていく。「すげぇ」という言葉はすごいと感じた体験によって脳に刻まれる。今の子はすぐに「知ってる」「知ってる」と言うが、聞いてみると分かっているようで分かっていない場合が多い。言葉が浮いているのは知識でしかないからで、実際に水平線に落ちていく夕日を見ている子なら出てくる「すっげぇ大きくて、きれいだった」というリアリティーがないのである。

そして、そのような感覚に裏打ちされた生きた言葉が増えることによって、自分の感情に向き合えるようになる。簡単にキレるのは、自制が効かないという以前に自分の感情と向き合って考える経験をしていないからなのだ。

おそらく、そうした日常が「社会的理性」や「心の理論」を発達させ、自己中心的な幼児性から脱皮させていくのではないかと思う。しかし今の子どもたちには、このような環境や機会は十分に与えられていない。そこで幼児性から脱皮する過程をすっ飛ばして、それ以前の未熟さのままで進学してしまう。

すでに見たように、いじめにはソシアル・キュウのなさが大きくかかわっている。つまり、豊かな社会関係にさらされてこなかったための歪みそのものではないかということだが、その問いに対する澤口氏の答えは次のようなものだった。

「幼いころのいじめは、まだいじめじゃないんです。社会関係（人間関係の対応）が未熟だからいじめのように見えるので、いじめは未熟な社会関係なんです。未熟というのは成熟するための前段階としてあるので、最初から紳士淑女のような社会関係なんてありえません。紳士淑女の成熟した関係にするためには、未熟な社会関係を十分に体験させなければならない。

それを、いじめだ喧嘩だ良くないと止めてしまったら、いつまでたっても成熟した社会関係なんかできません。幼稚園や小学校低学年ごろは未熟なのが当たり前なんです。だから、いじめも当たり前、喧嘩も当たり前と心得て、親や教師があまり口を出してはいけない。ただ、社会的規範に触れたらピシッと叱る。そういうメリハリをつけた育て方をしていけば、後々まで尾を引きませんよ。それをやっていないから未熟なままの社会関係が、中学・高校でいじめとして出てくるんです。未熟な社会関係を、やるべきときにちゃんとやらせておかなかったツケが回っているということです」

最近は、喧嘩した相手を刃物を持ち出して刺すという事件がよく起きている。おそらくそれは、幼いころからの喧嘩し仲直りする経験を重ねていないため、勝ちか負けかで中間がなくなり、一途に屈辱感を増大させてしまうからだろう。

私たちの少年時代、子ども同士の喧嘩に親が口を出すということはまずなかった。たまにそんな親がいようものなら、子どもたちは一斉に「子どもの喧嘩に口だすな」と叫んだものだった。というのは、当時の親たちの間では、いじめたりいじめられたりは成長過程に必然のもので目くじら立てるべきものではないという伝承が不文律としてあり、子どもたちもそのことを知っていたということである。

私はこれもまた人類が「普通」としてきた環境ではないかと思うのだが、心の理論についての澤口氏の話は、期せずしてそれが普通でなくなったことを問題とするものだった。

「心の理論を伸ばすのは実体験しかないんですが、今の親はそれを妨げることばかりやっている。喧嘩はもとより、喧嘩になりそうになると止めに入って、親が解決しようとする。昔は子どもの喧嘩は子ども同士で解決させました。幼い子どもが手を出したとしても大した怪我にはなりませんからね。それで子どもは、相手の痛みを知るとか、こういうことをすれば相手は悲しむんだとか怒るんだとか嬉しいんだとかということを、実体験から脳に刻んできたわけです。ところが、今はそういうことがなくなってしまっている。

そうであっても、心の理論というのはことがあれば何か求めます。そこで心の理論の獲得が、子ども同士ではなく母親との関係になってしまった。すべてのことが母親との関係になって、密になっていますからね。だから、他人の気持ちは分からないけれど母親の気持ちは分かる、になっちゃう。マザコンのように見える母子密着というのは、そのためなんです」

私はまさに膝を打つ思いだった。他人の痛みが分からず被害者に詫びる気持ちも出てこない少年が、なぜ決まったように親の心配を気にするのか、なぜ「自分のやったことで苦しめたくない」と母親を撲殺するような奇怪なことが起こるのか。どうにも不可解だった問題の根は、心の理論の発達の歪みにあると見て間違いないようなのである。

愛せない心の連鎖

二〇〇〇年という年に少年犯罪とともにわれわれを重苦しい気持ちにさせたのは、頻発した幼児虐待だったが、その件数はさらに増加している。二〇〇一年の一月から三月までに摘発された虐待事件は、前年同期より三割増の五一件。加害者は実母が二三人でもっとも多く、次いで母親の夫の一一人と続いている。

子どもにとって幼児虐待は、本来なら安心して甘えさせてくれるはずの親が、自分に暴力を振るう日常的な恐怖の対象となるということである。親に依存しなければ生きていけない子どもに、この状態は地獄以外の何ものでもない。そして、その恐ろしさは、何よりも精神を歪ませることにある。

幼児虐待の記憶の多くは意識下に追いやられるようで、そうなれば三好さんが言ったように、密閉した缶詰の中からコトコトと本人を苦しめ続けることになる。また、それが多重人格症を招く場合があることも知られている。

私がこの問題を知ったのは、惜しくも先年他界した憩いの家の広岡知彦氏が、もう一方で「子どもの虐待防止センター」にかかわっていたことによる。その広岡氏が語ってくれた悲惨な話の中で、何より胸に重かったのは幼児虐待は連鎖するという事実、親に虐待された子どもは必ずと言っていいほどわが子を虐待する親になるということだった。

その悪循環が年を追って広がっているということだろう、二〇〇〇年五月に「子どもの虐待防止センター」が東京都内の母親二四〇〇人を対象に行った調査では、全体の二割以上の母親が虐待か虐待傾向にあることを認めている。また、自分を「母親として不適格」と考えている母親は三割に及び、その三人に一人は虐待か虐待傾向があるとのことなのだ。

食事を与えずに餓死させた母親はもとよりだが、わが子を可愛いと思えない母親がそこまで増えているということは、社会生物学の観点からしても私の経験からも不可解としか言いようがなかった。

すべて生き物は自分の遺伝子を残すことを究極の目的としている。そのため、自分を滅ぼしてでも子どもをしっかりと育て上げ、次世代につなごうとする。事実として、戦中・戦後の食糧難時代、私の母は自分の食べるものを剥《へつ》っても私たちに食べさせてくれていたものだった。私の母がとくに母性愛が強かったわけではなく、当時の母親はみなそうだったのである。

それがなぜ虐待死になるのか。その疑問に霊長類学の杉山幸丸東海学園大教授は、〈子孫を残すという重さよりも個人の生活優先である。これは絶滅への道である〉として、サルの行動研究から見た理由を次のように述べている。（朝日新聞『集団生活で学ぶ子育て』二〇〇一年五月一八日）

〈サルは他のサルから隔離して育てられると、子育てばかりか、あいさつも性行動さえもできないサルになってしまう。あいさつができなければどうなるか。集団に入れた時、同じ年頃のサルと調和のとれた遊びができず、一緒にいるだけで誰とも無関係に行動しつづける。衝突しても力の抑制がきかない。性にまつわる一連の行動がまともにできなければ、両性の合意の下に成立する性行動は完結しない。たとえ交尾はできても、自分の体から出てきた赤ん坊に対する適切な行動をとれない。乳を飲むわが子を胸から引きはがし、泣き叫ぶ赤ん坊を地面にたたきつけ、死に至らせることさえある。授乳も育児も社会生活であり、学習を必要とする文化的行為なのである。

現代の人間社会は、少産多保護の極限まできている。そこでは、親子兄弟に始まる他人との衝突や競り合い、協力やゆずり合いを通じた付き合いが減ってしまった。大きな社会の中で社会生活を営んでいるように見えながら、じつは隔離飼育されてきた子どもたちが、他人を顧みないで自分の生活を最優先する親になってしまった〉

そして、この問題についての澤口氏の説明も、サルによる実験結果から始まった。サルの幼児期は一歳から二歳までで、この時期に母親から隔離して人工保育した場合、死ぬまでセロトニン神経系が発達しないという。この隔離実験は一九六〇年代に多く行われており、九〇年代になって老化で死亡し始めたそのサルの脳を調べたところ、中にはセロトニン系の細胞が一〇分の一ぐらいに減っていた脳もあったとのことなのだ。

逆に言えば、幼児期に母親の保護と十分な愛情を受けて育たないと、セロトニン神経系は正常に発達しない。そして、このセロトニン系こそが母性愛の基礎であり、分泌されるセロトニンが幸福感を生み出す。つまり、子どもを可愛いと思うようになるということなのである。

「母親が幼児を虐待するというのは、その母親が幼いころにどういう環境で育てられたかということですね。もっとも幼児虐待にはストレスもかかわっています。夫の協力がない夫婦間がうまくいっていないといったことで母親が孤立しているとウツ的になりますからね。ウツ病というのはセロトニン欠乏症ですから、そういう二次的なものもあるかもしれません。しかし怖いのは、母親から十分な愛情も受けず、孤独にすごす環境で育てられることです。そうなるとセロトニン神経系が発達せず、結婚して子どもができてもセロトニンが十分に出ないので、子どもを可愛いと思えない症状が出てしまう。その可能性も少なくないと思います」

先の杉山氏の話は、脳内物質の障害として裏付けられるのである。

「それで、今度は虐待された子どもが、やはり子どもを可愛いと思えませんから同じように虐待することになる。これは連鎖的に続くので、何とかして絶たなければいけない。実際に母親がそうなっている場合は、まず父親が努力して母子ともにいい環境に置くようにすることですが、それがだめだったら母親にセロトニンの量を増やす薬（ＳＳＲＩ＝選択的セロトニン再取り込み抑制剤）であるプロザックやルボックスを二年なり三年なり飲んでもらうよりしょうがない。アメリカでは幸福剤（ハッピードラッグ）と呼ばれているように、飲めば幸福な気分になれますからね。極端な話ではあるんですが、まごまごしていたら子どもの脳に悪影響を及ぼしますから、それもやむをえないんじゃないかと思うんですよ」

たしかにその影響は恐ろしい。虐待された子どもが心に刷り込まれるのは「近い（親しい）関係は怖い」ということである。親密な関係を危険だと避けたとしたら、正常な人間関係はつくれない。そうなれば、人間としての心は育たない。

一九九八年、幼児虐待の実際の件数が五万件を越しているだろうと報じられて以後、私の頭から離れなかったのは非行少年の中には虐待を受けてきた子が少なくないのではないかということだったのだが、不幸にしてその予測は当たっていた。

国立武蔵野学院（児童自立支援施設＝「不良行為をなし、またはなす恐れのある児童」を指導矯正する施設）が、一九九九年末に全国五七施設を対象にした調査によれば、入所児童の六割が虐待を経験している。また、法務省が二〇〇〇年七月、少年院に在院中の少年二三〇〇人を対象に行ったアンケート調査でも、約半数が父母から虐待を受けていたと答えている。

案じたとおり、非行は虐待と深くかかわっていたわけである。なお、武蔵野学院の調査結果は、虐待経験のある子に目立つ点として、「感情表現が乏しい」「誰とも親密な人間関係を結べない」「肯定的な自己概念を持てない」ことを挙げている。

本能としての「共生」

非行少年の処遇をどうするかという問いは、その人の人間観を浮かび上がらせる。厳罰主義を言う人はおおむね性悪説に立っており、保護主義的な処遇を望む人には性善説的な見方に立っている人が多い。ただし歴史は、性悪説に肩入れしてきたように見える。おそらく権力は性悪説を採りたがるということなのだろう。

「人間とはどういうものか」は、孟子《もうし》・荀子《じゅんし》の昔から論じられているが、二〇世紀に入っても一向にはっきりしなかった。しかし今、脳科学は事実としてそこに答えを出したように思う。

その事実とは、人間は状況に応じて自分の感情や衝動や欲望を適切にコントロールし、自他の心を理解して適切なコミュニケーションを営み、自分の幸福のみならず他人の幸福をも祈り手助けするような脳の働きを、本能的な機能として持っているということである。つまりは、孟子〈性善説〉のほうが正しかったということだ。

澤口氏によれば〈真猿類のほとんどは社会をつくり、社会的場面に応じて自分の感情や欲望をコントロールしている。したがって、私たち人類の社会的理性は、進化的にみてかなり古い起源（およそ四〇〇〇万年）をもっており、「本能（進化的基盤と遺伝性の強い能力）」として受け継いでいる〉ということなのである。

では、どうしてそうなったのか。澤口氏の「殺す脳、殺さない脳」(『ちくま』二〇〇〇年五月号)を引けば、それは次のような経過をたどる。

生き物は自分の遺伝子を残すことを最重要の目的としている。そのため、人類の先祖である真猿類も自分の種をより多く残そうと、群のボスを襲って殺し、その遺伝子を受け継いでいる子ザルを皆殺しにするということをやっていたという。

しかしメスとしては、せっかく産み育てて自分の遺伝子が伝わっている子が殺されるのはたまったものではない。一方、オスにしても戦いを挑んで失敗すれば殺されるか惨めなことになるわけで、「乗っ取り」はリスクが大きい。そう考え出せば、そのような行動傾向と結びついた遺伝要因は次第に衰退していく。

そして人類は、〈メスのいわば「カウンター戦略」として、乗っ取りや子殺しをなくそうとする行動傾向を進化させ、一方、オス同士でも、いわゆる「互恵的利他主義」のような行動戦略(互いに助け合うことによって、結局は自分の遺伝子を残す確率を高める共生戦略)を採用するようになった〉ようなのだ。

また、その後の〝木から下りた裸のサル〟という生存のあり方、つまり、ますます単独では生きていけなくなったということも、「共生」を強めていったと考えられる。要するに、社会的理性は共生のために本能化したと見ていいようなのである。

人間はどう生きるものなのかということが脳から明らかになってきたわけだが、今から七十数年前、この「共生」を人間に本然のものとする論を展開していた心理学者もいた。

フロイトと同時代人の心理学者アルフレッド・アドラー（一八七〇～一九三七）は、澤口氏が述べている社会的理性とほぼ同じ心の働きを、「共同体感覚（Gemeinschaftsgefühl）」と名付け、〈共同体感覚というものは、おそらく遺伝された本能ではないであろうが、共同体感覚のための潜在能力は遺伝されたものであろう。この潜在能力は、母親の技倆と、子どもに対する母親の関心の度合いに応じて、また自分の環境についてのその子ども自身の判断に即して発達させられる〉（『人生の意味の心理学』高尾利数訳、春秋社、一九八四年）

と述べている。つまり、社会的理性を備えるための潜在的な仕組みはあるが、獲得できるかどうかは母親など環境の問題だとしていたわけで、まさにそのとおりだったのである。

アドラーは自著の中に共同体感覚という言葉（英語で書いている場合は、social-interest あるいは social-feeling という言い方をしている）をやたら使っているが、それがどういうものかについては「他人の関心に関心を抱くことだ」としか言っていない。

弟子のドライカースは、「ある出来事が起こったとき、これは自分にとってどういうことだろうと考える人は共同体感覚がない。皆にとってどういうことだろうと考える人は共同体感覚がある」という言い方をしているが、アドラーは頭で理解するものではなく実践の中で感得するものだとしていたのだろう、「それを生きることだ（live it）」と言っている。

彼が社会的理性を重視したのは、次のような認識に立っていたからだと思われる。〈もし人間が、ひとりで生き、自分の課題をひとりでなし遂げようとするなら、彼は破滅するほかないだろうし、自分自身の生命を維持することもできないだろう。人間はいつでも——自分自身の弱さや不完全性や限界のゆえに——他の人間に結びつけられている。彼個人の幸せのための、また人類の幸せのための最大の一歩は交わりである〉

それだけに彼は、欲望の実現だけを人生の目標としている生き方に対しては、〈私的な人生の意味などというものは、決して意味と呼ぶべきものではない。意味というものは、他者との交わりにおいてのみ成立するものなのだ〉と言っている。

そして、第一次大戦後のウィーンに児童相談所のネットワークを作り上げ、多くの子どもを診てきた臨床経験から、〈間違った方向に目標を設定した心——たとえば、協力する能力を発達させていない子どもの心——は、脳の成長に役立つ影響を得られない〉といった事実を早くから発表している。

要するにアドラーの主張は、〈あらゆる失敗者は、仲間への関心と共同体感覚が欠けているがゆえに失敗者なのである〉とする臨床的知見から、力（優越）と虚栄を求める個人主義を厳しく排斥するものなのである。

これは、脳科学が明らかにしたことと変わらない。われわれは「共生」に必要な社会的理性を備えるための脳の機能を、遺伝として受け継いでいる。そして、本能と言うべき社会的理性〈心の理論〉は個人主義的な育てられ方では発達しない。個人主義は人間の脳と矛盾すると言ってもいいようなのだ。

こう見てくれば、今の若い親を含めた子どもたちの変質が何によるかはおのずと明らかになる。全体主義（ファシズム）への反省として支持された個人主義が、利己主義に変質して蔓延したことにこそ根があると見て間違いないのである。

相変わらず全体主義的な同調圧力が強いこの国では、ましてグローバリズムという名の全体主義が猛威を振るっている現状では、自由と尊厳を守るための個人主義は失われてはならない。ただし、子育てに関しては、個人主義は絶対に排除されなければならない。後述する「いいんじゃないですか主義」では、社会的理性は発達させられないということだ。

ちなみに澤口氏は、「アブナイ育児書」と題してスポック博士の育児書を取り上げ、その間違いを「アメリカ式個人主義」「利己的自立主義」と断じて、次のように述べている。

〈このことが端的に表れているのが、添い寝の否定である。添い寝どころか、子どもをベッドに入れることすら良くないとされる。また、赤ん坊が泣いても放置しろという。なぜなら、泣き疲れれば自然と寝るからというわけだ。さらに徹底した個室主義。子ども一人一人に別の部屋をもたせるのが最良だとする。しかも、生まれてから二、三ヶ月たったら別の部屋にした方がよいというのである。

こうした思想的なベースに立った育児がなされたら、ろくな子どもは育たない。……しかし、日本の親たちは、住居もそうだが、子育てでも欧米主義に走ったのである。……その結果生まれたのが「幼稚で身勝手な若者たち」であると言って過言ではない。……個人主義や利己的な自立主義に凝り固まった人間たるべく育てることは人間の本質から外れている。そのためには、それにふさわしい子育て文化があってしかるべきで、そして実際、日本人は昔からそうしてきたのである〉（『ちくま』二〇〇一年五月号）

なおアドラーは、共同体感覚の育成を妨げるものとして家庭教育のあり方を問題視し、〈現在家庭でなされている教育が、力を求める努力、虚栄心の発達を著しく促進していることは疑い得ない〉と述べている。彼がそれを書いたのは一九三二年。それから四〇年を経て、この阻害要因は日本全体に拡がることになる。

教育ママがつくる「小皇帝」

現在の日本の家庭のおかしさは、これまでも各調査官の証言として述べてきたが、戦後このかたの家庭の変化をいささか乱暴に単純化すれば、次のようになろうかと思う。

私の少年時代の家庭は父親の絶対的な権威の下にあった。その家父長的なあり方は戦後の民主主義によって否定され、価値の転換に戸惑う父親たちは、妙に腰の引けた存在となった。しかし母親たちは、平等な存在としての夫婦のための家庭を作ろうとはせず、従前からの子どもを支配しながら子どもに寄り掛かる生き方を強めて家庭の「実力者」となる。

やがてその母親たちは、経済成長がもたらしたゆとりの中で中産階級意識を抱くに至り、さらに上昇指向を強める。しかし、父親は企業に搦め取られて「不在雄」化し、家族から軽視されて給料運搬人以上の役割は期待されなくなる。

そして、高校進学率が九〇％に達した一九七〇年以後、子どもはより優越を求める〝家族ナショナリズム〟の戦士と位置づけられ、多くの家庭が教育を優先するようになる。そこで子どもは小学生のうちから個室を与えられ、家の手伝いなど暮らしにかかわることの一切を免除され、勉強に励んでいれば何でも聞き入れられるようになる。

私の少年時代には、自分の部屋があるという子どもはまずいなかった。それからすれば環境の大変化ということだが、それは何を意味するか。

澤口氏によれば、われわれモンゴロイドは当初に進出した厳しい自然環境に適応するため、欧米人（コーカソイド）に較べて幼少期が長くなり、のんびり育てられると未熟になる恐れがあるという。それゆえ、社会的理性など前頭連合野の知性を発達させるための「複雑で厳しい社会関係」という環境が不可欠になっているとのことなのだ。

その意味で〈茶の間一つしかないような家に、大家族で暮らす。怖い親父がいて、近所ではガキ集団でもまれ、そこらのオバサンには叱られ、学校は学校で厳しい先生にこづかれながらワルガキ連中とワイワイやって……〉という環境が、きわめて適していたというのである。

このことは、現在の日本がなぜここまで政治や経済に停滞を招いているかを考えさせる。おそらくそれは、政・財界に二世や三世が増えたこと、つまり厳しい環境に揉まれていない人間が指導的立場に就いていることの結果にほかなるまい。

ともあれ、このような教育を中心とした家庭のあり方は、その後の少子化と所得の上昇によってさらに強まり、それが当然のようにニューファミリー家族に一般化する。かくして日本には、世界にも例を見ない子ども優先という奇妙な家庭秩序が形成されるにいたる。

教育中心家庭では何よりも子どもの勉強が優先され、母親は絶えず子どもの勉強に目を光らす反面で、子どもの召使となる。もともと家の中に影の薄い父親は、おおむね母親の方針を受け入れ、さらに控え目な存在となる。その結果、子どもは家庭の中で、いわば「小皇帝」となる。小皇帝とは中国で一人っ子を指す言葉だが、むろんそこには甘やかされた存在という揶揄《やゆ》が込められている。

悪いことに、今の日本の家庭では食事は子どもの好みに合わされ、休日の過ごし方も子どもの意向で決められる。すべてに自分が優先されていることを感じ取った子どもは、やがてそれを当然として、いつしか親を軽んじるようになる。こうなった子どもに、親への尊敬や長幼の序といった道徳を説いたところで入るものではない。

そして、こうした家庭では、子どもへの小言が奇妙なかたちに変形する。小言は、悪いことをしたときに、その場をとらえて「悪いことは悪い」と叱って反省させるもので、どの国でも変わりはない。叱られた子どもは時としてふくれるが、ふくれることも、それによってさらに叱られることも、大事なのである。

ところが、教育中心家庭の場合の小言は、「いい子はそういうことしないでしょう」という言い方でやられる場合が多い。子どもとしては、いい子であるという前提を立てられ、そう思い込まされることによって、自制を求められるわけである。だから、あまりふくれることがない。いい子はふくれたりはしないからだ。つまり、本音でぶつかり合うという貴重な経験を封じられ、顔に出すこともできない不満を腹の中にしまい込むことになる。

寺尾氏が書いている〈失敗してもすぐ謝り、自分を認めてもらうことしか考えません〉という子どもは、そういう叱られ方をしてきた結果というものだろう。また、捕まって鑑別所に入れられながら「本当はそんなことをやる自分じゃありません」と言う子は、自分自身がいい子だと思い込んでいる。いや、思い込まされていると見ていいのである。

教育中心家庭では、かつてのような暮らしを通しての家族同士のコミュニケーションは薄まる。また、心の理論や社会的理性の発達に不可欠な「豊かな社会関係」は、勉強の邪魔になると遠ざけられる。子どもの他者とのかかわりは学校の友だちに限られるが、先に見たようにその友だちは常にベッタリの少数グループで、その交りも一人になりたくないために調子を合わせているだけの表面的なものが多い。

そこまで社会が狭くなれば、好奇心を持てるものも見つけにくくなり、好奇心そのものが衰弱する。指導要録が言う、自分で課題を見つけ、自ら学び、自ら考える「生きる力」など期待するのが間違いというもので、だからこそ「ゆとり」はテレビとゲームに吸収されてしまったわけである。

教育中心家庭が縛る心

先に引いた現代家族問題研究会の『会員論集』に寄稿している調査官の佐々木光郎氏〈水戸家裁土浦支部〉は、〈保護者が意図的であれ、無意図的であれ、わが子から「遊び」を奪うのは、広義の児童虐待である。子どもには、その年齢や発達段階に応じた、それにふさわしい環境と条件が与えられるべきである〉と述べているが、たしかにこれは児童虐待と認識されなければならない。

佐々木氏はその調査報告（「非行臨床における保護者」）で、教育熱心でありながら子どもを非行に走らせた家庭について、次のように述べている。

〈一般に「閉ざされた家庭」をつくっている保護者が多い。「成績こそがわが子を幸せにする」と思いこみ、親戚や地域の他の保護者の子育ての様子や、他の親たちの考えについて見向きもしない。自分の考えが絶対的に正しいと思いこみ、それを修正していくような柔軟性が乏しい。面接でも自説を曲げないで話すので、面接者の疲労感が大きい。……そのような親に限って、子どもを脅迫的に支配し、子どもは意のままにコントロールできると思っている。子どもに対する「気づきを欠いた熱心さ」であり、「思い違いの愛情」ともいえる。幼少期から、保護者の意向に縛りつけ、逃げ出せないような抱え込み、逆らえない命令・支配、防御のしようのない心理的な圧力を与え続けている〉

そして、そのような家庭環境にあった非行少年については、

〈思春期になっても、親や教師に向かって自己主張することはなく、おとなから見ると、「いい子」あるいは「素直な子」である。けれども、「勉強（部活動）さえできれば後は何をしてもよい」という保護者の考えの支配下のもとで、長い間、保護者の期待に応えて「いい子」を演じてきた疲労感が蓄積されている。それればかりか、「人間としてしてはいけないこと」という社会規範さえもが育っていない。……もう一つ共通しているのは、自分で考え、結果は自分が責任を持

つという思考が乏しいことである。幼少期から、おとなの言うままに行動しておれば、当然の結果でもあるが、青年期での自立という発達課題があいまいにされつつある〉

と指摘している。佐々木氏は、非行という窓口から教育中心主義家庭の実態を明らかにしたわけだが、それは決して非行少年を出した家庭に限ったことではないはずである。

では、すべてに優先されるその勉強だが、前出の高校教諭Kさんによれば、現在の「ゆとり教育」下では勉強はたいしたことではなくなっているようだ。ゲームをやりながらでもちょっと勉強すればそこそこの成績は取れるので、まあまあの成績の子は決まって妙な有能感を持っているという。むろん、努力している成績優秀な子は、より強い有能感を持っていることだろう。ただ、その有能感はあくまで成績の良さを価値としているもので、しかもかつての水準と較べれば相当に水増しされた有能感なのだ。

そうであっても、子どもが家庭内で小皇帝的でいられるのは一定の成績を維持できているからで、そのことは本人がいちばんよく自覚している。なぜなら、母親の気持ちだけは分かるからである。それだけに成績が落ちてくると、母親との関係が心理的に異常な重さとなり、そうなった自分をどうしていいか分からなくなる。

また、学校での失敗や仲間とのトラブル、あるいは外部から圧力が掛けられたような場合も、社会的理性が発達していないため、どうしていいか分からずに混乱する。そこで寺尾氏が言うように、幼児が駄々をこねたり目茶苦茶に暴れたりするように反応して収拾がつかなくなり、非行もそんな反応として行われる。

その混乱とは、多様な社会関係から切り離され、社会的理性や心の理論が発達していないための「まやかしの有能感」が崩壊し、幼児的な未熟さが剥き出しになった状態と見ていいだろう。また、そうした有能感の崩壊は、内省を経験させられていないことから他罰的になり、社会への憎悪を異様な想念の中で膨らませ、とんでもない犯罪へと走らせる。

逮捕されて鑑別所に送られても、自分のやったことが何かが明確に自覚できず、被害者の気持ちも分からないというのは、こう見てくれば当然ということになる。しかもさらに問題なのは、その少年たちがまるでカルトのマインドコントロールから抜け出せないように、頭にしみ込まされた教育中心主義に縛られているということなのだ。

先に紹介した日本犯罪心理学会のディスカッションで、少年に対しては末恐ろしさや気味の悪さを感じると語った東京家裁の岡本潤子調査官は、

〈何よりも特徴的なのは、少年の「反省」の在り方である。少年の反省の証として示される今後の方針は、しばしば「勉強する」「学校へ行く」「大検を受ける」など、学歴の道を目指すことであり、それが更生だと親子で信じている姿が目立つ〉

と述べている。これと同じことは、寺尾氏も語っている。

「親に言われて一生懸命受験勉強をやってきたんですが上手くいかなくて、親への反抗のように事件を起こした子がいました。それだけに面接した当初は、親はこんなふうで、自分は親が言っているようにはなりたくない。もっと違う職人のような仕事をやりたいんだと言っていました。それは私にも頷けるところがあったんですが、ところが、鑑別所で最終的に言ったことは『大検を目指して頑張ります』なんですよ。結局、親が作った枠の中から出られないんですね。その子に限らず、今はそういう子が多いんです。何と言うか、自分に自信が持てないようになっちゃっているんです」

教育中心家庭というあり方が続く限り、母親の気持ちしか分からない子どもは母親の呪縛から逃れられず、自分で進路を探すこともできなくなる。おそらく「いい子」「普通の子」の非行や、とんでもない犯罪は、今後も増え続けることだろう。

社会的理性を持てる条件

これまで、心の理論・社会的理性の発達を妨げるものについて見てきたが、アドラーは共同体感覚（社会的理性）が持てるための条件として、

「自分は共同体の一員だ」という感覚（所属感）

「共同体は自分のために役に立ってくれている」という感覚（信頼感）

「自分は共同体のために役立つことができる」という感覚（貢献感）が必要だとしている。そのためアドラー心理学では、何よりも〝勇気づけ〟という実践を重視している。これは、アドラーだの心理学だのと言うまでもない常識だと私は思っている。前向きに勇気を持って生きられない人間に、社会的理性は必要ないからである。

子どもにとっての共同体は、いまや家庭と学校だけになっている。その場合、親の愛情が感じられず、学校でいじめられ、何の取り柄もないと言われたら、その子は非行に走るか自殺するかのいずれかになるだろう。そう考えれば、非行もやらず死にもせず、よくちゃんと生きていると言わなければならない子は、たくさんいそうな気がする。逆に言えば、社会的理性が未発達な子が増えているのも当然ということになる。

これも常識と言っていいと思うが、人間のもっとも根元的な欲求は「所属欲求」で、それは生存欲求よりも強い。自殺をするのは人間だけで、自殺というのは生きていても所属する場がないと感じるからなのである。

先に見たように、人間の脳は「共生」を前提にした仕組みになっている。さらに、人間の赤ん坊は抱きあげて乳を飲ませてくれる者がいなければ生きていけない。おそらくそのことからも、人とつながらないと生きていけないということを強烈に刷り込まれるのではないかと思う。

所属欲求というのはまさに根元的なもので、所属感が満たされていない場合は精神的に不安定になる。自分が家庭という共同体の一員だということをまぎれもなく信じられるためには、親の愛情が信じられなくてはならないわけで、社会的理性の発達はそれが基盤になる。

アドラーは犯罪者がどういう子ども時代を過ごしてきたかを調べ、甘やかされた子どもと、無視された子どもがそうなる危険性が高いことを指摘している。

彼は甘やかしを何より問題として、〈甘やかされた子どものまま大人になった人々は、われわれの社会のなかで、おそらくもっとも危険な層の人々である〉とまで言っている。なぜなら、甘やかされることを当然としてきた彼らは、〈自分が慣れている安易な温かさや従属がもはや見出せなくなると、裏切られたと感じる。そして、社会が自分に対して敵対的だと思い、仲間のすべてに復讐しようとする〉行動をとるようになるからだということなのである。

これまで見てきたように、社会的理性の発達を妨げているのは親の甘やかしが第一であり、そうされてきた子どもは今やはっきりと危険な層になっている。しかし、私がもう一つ気になっていたのは、いわゆる「フツーの家庭」の中に無視されている子どもが増えているのではないかということだった。

先の佐々木光郎氏は、教育熱心な保護者のパターンを、未成熟型、虚栄・満足型、代償型、不安・横並び型に分類し、虚栄・満足型についてこう述べている。

〈このようなタイプの保護者は、利用価値のある子どもにのみ愛情と手間をかけるので、きょうだい差別が著しい。価値のない子どもと判断された者は、外傷経験を抱いて成長させられるが、保護者自身は、意外にそのような子どもの心には無頓着である。このようなケースでは、保護者自身が自分の親から本当の愛情を受けていないことがあり、親子関係のひずみが「世代伝播」している。保護者の間違った「教育熱心」さから少年を解放しない限り、少年は保護者が抱えている問題を再生産する〉

一人っ子の場合は、親の愛情が薄くても比較できないから葛藤は起こらない。しかし、きょうだいがいる場合の親の偏愛は、大きく心を歪める。そしてこの「世代伝播」は、虐待と同じように数を増やしているのではないかということなのだ。

では、無視された子どもはどうなるか、アドラーは次のように述べている。

〈そのような子どもは、愛や協力がどういうものであるかを知らされたことがない。そこで彼は、そういう優しい力を含んでいない人生の解釈というものを作りあげる。……彼は、社会というものは自分に冷たいものだと思い、いつもそういうものだと予期する。とりわけ彼は、他者にとって有益な行為をすることによって愛情や尊敬をかち取ることができるということが分からない。そこで彼は、他人に対して疑い深くなり、自分自身をも信頼できなくなる〉

親から無視されて発達の土台を揺るがされた子どもは、不安定な精神状態そのままに浮遊し、非行への道をたどることが多い。そんな少女の悲しさを、寺尾氏は『調査官覚え書き』にこう綴っている。

〈審判廷で、最後まで自分の言いたいことが言えずにいるように見える少女に、少し話し易い質問をした後で、「お母さんに言いたいことがあるでしょう。言ってごらん」と言うと、彼女は小さな声で、「そんなにお姉ちゃんと比較しないで欲しい」と声に出しました。いつも勉強が良くでき、母に気に入られている姉と自分に対する母の態度が違うことへの正直な気持ちであり、母に向かって初めて本音を言った瞬間であったと思います。

少年院送致決定の後で、母親に少女の言葉についてどう思うかを尋ねました。すると母親は事も無げに「そんなに言うんなら、自分ももっとしっかり勉強すればいいのにねえ」と答えました。少女の気持ちはまったく伝わっていないのです。母との面接の中で、何回ももどかしく感じてきた私には、自分の無力さを思い知らされた瞬間でした。どうして伝えたらいいのか、私は悲しい気持ちになると同時に、大人と気持ちを伝え合うことの難しさを改めて考えざるをえませんでした〉

教育無関心家庭が招くもの

無視された子どもは、このような学校化した家庭とは逆に、子どもの勉強に関心の薄い家庭からも生み出されている。そうした家庭は一般に親の学歴が低いようだが、今や学歴はあまり当てにならない。それよりは、教育中心家庭とは違う意味での社会的理性の未発達（ルーズさ）と見たほうがいいようだ。

勉強がデキるデキないという「知能」は、（集団的にとらえた場合）六〇％は遺伝的なもので四〇％は環境によるとされている。昔の人は歴史の経験則としてそれを知っていたから、「瓜の蔓に茄子《なすび》はならない」と高望みを戒めたわけである。しかし「鳶が鷹を生む」ようなこともあるから、いい環境に置いて努力させなければならないとして、それを親の務めとした。

今のように成績さえ良ければ人間性などどうでもいいということではないが、「氏（素質）」はどうあれ「育ち（環境）」によって優秀な子にしようとしたわけである。その環境には孟母三遷のようなものもあったろうが、親の関心と意欲が第一であることは言うまでもない。

もちろん、その可能性は四〇％の枠内だから、なかなか鷹にはならない。しかし、その結果（成績）はどうあれ、その環境は社会的理性を発達させるための基盤は固めたに違いない。

親が子どもの勉強にできる最大の援助は励ましである。本来、それ以外の援助はしないほうがいい。その励ましによって、五〇点しか取る能力がない子が五五点取るようになり、努力が酬われた達成感によって意欲を持続させる。

その励ましは、単に点数を上げるだけのことではない。絶えず親の愛情を確認したがっている子どもは、それによって所属感が満たされ安定するということなのだ。

それがなかったらどうなるか。能力が高くない子は家で勉強しないと教科に追いついて行けず、たとえばカリキュラムの枠内で九九を覚え切れないということになる。そうなると掛け算割り算でもたつき、分数が始まると頭がモヤッとし、中学一年で数学がお手上げになる。

私が問題にするのは、そういう子どもの環境なのである。旧来型の非行少年は決まったように、「親なんか、いつ帰っても何も言わねぇよ」、「学校なんて、退屈じゃん。授業は面白くねぇし」、「部活？　レギュラーじゃねぇもん、行かねぇ」という言い方をする。

それは何を意味するか。まずは、家にも学校にも所属感がないということだ。当然、教師には無視されているだろうから社会に対する信頼感はない。そして、授業が分からないということは、絶えず自分に「能なし」を意識させる。そうである以上、社会に出たところで「役立たず」でしかないと思わざるをえなくなる。貢献感など持ちようがないのである。

こうなれば、アドラーが言うように〈社会というものは自分に冷たいものだと思い、いつもそういうものだと予期する。とりわけ彼は、他者にとって有益な行為をすることによって愛情や尊敬をかち取ることができるということが分からない。そこで彼は、他人に対して疑い深くなり、自分自身をも信頼できなくなる〉ということになる。

むろんそこには、学校や教師の問題もあるが、根底にあるのは教育に無関心な家庭である。そして、今やこうした家庭が、教育中心主義家庭と分極化するかたちで増えているということなのだ。にもかかわらず、問題にされるのは子どもだけなのである。

先に私は「子どもの喧嘩に口だすな」を当時の子どもを取り巻く環境として述べたが、その遊びが羽目を外して悪いことをした場合は、近所のオジサンやオバサンからこっぴどく叱られたものだった。しかしその人たちは、仲間の誰かが病気などで遊びの輪にいなかったりすると「見かけないけど、どうしたの」と気づかってくれる人でもあった。

これは私たち世代の者は誰もが経験していることで、別に記憶の美化作用というものではない。おそらくこのようなあり方も、人類が「普通」としてきた環境ではないかと思う。

今や大人の世界と子どもたちの世界は、かつてのようにはつながっていない。保護観察官I氏は、その状態をこんなふうに語っている。

「子どもたちが子どもたちだけで自分たちの世界を作っていて、大人の世界との間のロープが切れてしまって漂っているという感じがします。大人の世界も崩壊していますけれど、子どもたちの世界も歪んでしまっている。それは分かっているけれども、おたがいに行き来がなくなっているので、もはやコントロール不能になっているのが現状です」

そこで中には、異星人を見るような目を若者たちに向けている人もいる。しかしそのロープを切ったのは誰かである。

私たちは小学校に入る前から、近所の人には必ず挨拶するように躾られた。そして、何よりもその挨拶がコミュニケーションの土台となり、地域の人々と子どもたちを結びつけていった。しかし今、近所の人に必ず挨拶をする子どもや若者はどれほどいるだろうか。ロープを切ったのは、その躾をしなくなった親であり大人ではないのか。

気づいている人は少ないが、挨拶は単に礼儀を教えるだけのことではない。まずは人を恐れない勇気を持たせることだが、もう一つは人間関係の距離の取り方と、その中での耐性を身につけさせることなのだ。

子どもからの「お早うございます」に、優しい言葉を返してくる人もいれば、ただ「お早う」で済ます人もいる。そうしたさまざまな対応に接していれば、返事をされなかったからと傷ついたりすることもなくなる。変な人もいると知ることも大事なことなのである。

今の子どもや若者たちは、何よりも対人関係に不安を抱いている。大人はもとより知らない人としゃべるのが怖く、ものすごく緊張するというのはごくありふれた症状なのだ。

彼らに挨拶をする勇気も失わせてしまったのは「豊かな社会関係」を与えてこなかった家庭であって、本人の欠陥と見るのは筋が違う。学べなかったから学ばなかったので「おかしいのが分からないか」と言われても戸惑うだけである。

そうである以上、「挨拶もろくにできんのか」と非難するより、大人の側から声を掛けて挨拶を教え、自然に挨拶ができるように仕向ける必要がある。そうしなければ、彼らの子どもも挨拶ができない人間になるという悪しき連鎖を作ることになる。

「いいんじゃないですか主義」の病理

私はこれまで、弱い子というより弱い子にさせられた子どもについて述べてきた。強い子にするには、すべてそれを裏返していただけばいいわけである。読者の中には「はじめから裏返して示せ」と言われる方もいるかもしれないが、それはなかなか難しい。強い子にするか弱い子にするかは、親の考え方・生き方にかかっている。しかし、こうした現状を招いているのは、自分の考え方・生き方を間違っていないと思っている人がほとんどだからである。

たとえば、語尾を上げた「いいんじゃないですか?」という言い方をする人はたくさんいる。もちろん、その言い方は別におかしなものではないし、適切に使っている人もいる。ただ、今の人たちが実際に使っている場合の「使われ方」はいささかおかしい。と言うのは、個人主義に開き直っている心理状態が見え見えの場合が多く、ほめられた話ではないからである。しかし、今はそれが普通になってしまっているため批判されることもない。問題は、それを「フツー」にさせてしまった自己防衛的な臆病さを、臆病さと思わなくなっているということなのである。

新人類という言葉が言われ出した一九八〇年代の初め、私はある出版社で雑誌の編集から書籍の編集に変わった。その何度目かの編集会議で若者をターゲットにした企画が出され、ちょっと判断のつきかねるところがあった。私としては、そのままでは難があるが面白い着想もあるので、その部分を会議で揉んで再構成したらどうかと考えたわけである。

そのため、まず部員の一人一人にその企画をどう思うかと尋ねたのだが、全員が判で押したように「いいんじゃないですか」と答えた。それ以前から感じていたことだが、どうもそれは同僚が出した企画を検討するというような批判がましいことはしたくない、つまり自分も批判されたくないというところから出ているようなのだ。

しかし、一冊の本を出すには何百万かの金がかかる。どうしても出したいという意欲、出す意義があるとする使命感、あるいは当たるという予測のいずれもなしに、「いいんじゃないですか」で出すわけにはいかない。そこで私は、再度近くにいた部員に「君個人としてはどうなんだ」と訊いた。しかし彼は、「だから、いいんじゃないかと……」と言うのみだった。

その怪訝そうな表情から悟らされたことは、判断そのものが自分と離れている、その状況の中でどういう判断をするのがもっとも妥当かという判断が、彼自身の判断になっているのではないかということだった。

私は、編集会議をいわば足し算でやっていこうとしたのだが、当初から部員には違和感があったようだ。前任者のやり方もあったと思うが、彼らとしては自分たちは企画を出す、それをボツにするか採用するかは部長一人で決めてほしいと思っていたようなのである。要するに、そのほうが楽だということなのだろう。だが、それでは会議をやる意味がない。どうしようかと考えたが、それは教育でどうにかなる問題ではなかった。

間もなく私は会社を辞め、数年後、中高生を対象とした本（『若いやつは失礼』岩波ジュニア新書、一九八八年）に、傷つきたくないために対立を避けている臆病さが、異端も突出も許さなくしている状況について、〈こんな社会は異常だと思うし、決して長く続くものではないと思う。が、それでも気になることは、この対立も異端も突出も許さない社会というのは、戦争中とそっくりだということだ。明るいと暗いが違うだけの話なのである〉と書いた。

ところが、残念ながら長く続いているのである。しかも、傷つきたくないという臆病さは、それを正当化するために客観性・中立性という衣をまとうにいたった。人それぞれの考え方があるのだから、とやかく言うことはできないとして、中立的な立場を取るのが理性的であり正しいとなってきているのだ。つまり、母性の論理による安全指向がいよいよ洗練され、「いいんじゃないですか」がカッコよくなってしまったわけである。

われわれは、政治を含めた社会的な問題を自分として考えると同時に、対立する主張の双方を検討して自分の考え方を固め、それに基づいて行動している。そして、自分として間違っていると思うこと、良くないと思うことには反対してきた。いつの時代でも人間はそうやって生きてきたはずなのだが、「いいんじゃないですか」主義が蔓延して以来、そうではなくなってきた。

テレビが「分かりやすさ」を第一にしているように、今の日本人は論理的思考能力がひどく落ちている。情報はいろいろあっても判断できるだけの思考力がなければ、反対も賛成も明確にできない。そこで「分からない」と言うべきところを、反対意見にせよ賛成意見にせよ「いいんじゃないですか」と言う。また、対立する主張に近いと思われたくないという安全指向が強い若い層は、ことさら客観的・中立的な立場に立とうとするため、自分としての考えは曖昧にならざるをえなくなる。

かくして、少年法改正問題であれ首相の靖国神社公式参拝であれ、「反対する人もいるけど、賛成してる人も多いんだから、いいんじゃないですか」となる。少年法の何たるかを知らないのも、歴史認識がないのも事実だろうが、そういうレベルの話ではないようなのだ。

しかし、その状況の中でどういう判断をするのがもっとも理性的に見られるかという判断は、当然状況によって変わってくる。小泉首相の支持率が八〇％と出れば、世論がそうだということで軸は支持のほうに動く。だから、初めの支持率が低く出ればさらに低くなり、高ければさらに高くなる。その意味で私は、最近の世論調査をまったく信用していない。こういう状況であれば、世論調査が世論を動かすことになるからだ。

一昔前の人たちは、分からないことは「分からない」と言い、少しでも分かることについては自分としての見解を持とうとした。それだけに議論もし、時としては「分かっていない」と批判されることもあった。そう言われても議論をやめなかったのは、私自身がそうであったように、より確かな認識に立ちたいと考えたからだった。

しかし今の人たちは、年齢が下がれば下がるほど、議論などとんでもないとなる。他者を尊重するかのような個人主義の実態は、傷つくことを極端に恐れる自己防衛のための利己主義であって、それが「いいんじゃないですか」になっているわけである。

「いいんじゃないですか?」と言われたら議論にはならない。それは、批判すべきことを批判し、望ましい社会を作っていこうとする意欲がないことを意味しているからだ。要するに、「いいんじゃないですか」主義は、そうした議論を社会から失わせたということである。世界広しといえども、こんな国民はおそらく他にいないだろう。

「いいんじゃないですか」が言われ出してから少なくとも二〇年は経つ。経済の世界では「失われた一〇年」が言われるが、私はそれも「いいんじゃないですか」主義が招いた結果の一つではないかと思っている。もしそうだとすれば、「失われた二〇年」の検証のほうが先であろう。政治の無力化、経済の停滞、官僚の腐敗、そして奇怪な少年事件の根にあるものは何なのか、「いいんじゃないですか」主義もその一つだが、それだけではないはずである。

話を戻せば、強い子とは「状況に応じて自分の感情や欲望を適切にコントロールでき、人の心を理解して適切なコミュニケーションがとれ、自分の幸せだけでなく他人の幸せも考えられる子」

ということである。そして、この社会的理性の中心にあるのが心の理論だということは、他人の気持ちに心を重ねていける能力（洞察力）が何よりも大切だということになる。

つまり、親が「いいんじゃないですか」主義であったとしたら、子どもにその脳力は育たない。逆に言えば、人の心が分からない子が増えているということは、それだけそういう親が増えているということである。

昔の人は「子は親の鏡」と言った。そうであれば、電車の中で堂々と化粧をしている娘は、鏡として社会を写し出していることになる。しかしその娘に、五〇代・六〇代の人は刺すような険しい目を向け、三〇代・四〇代は「いいんじゃないですか。迷惑掛けているわけじゃないんだから」と言う。少年問題とは何なのか、私はそれを問いたい。

なお、本書の冒頭に登場していただいている元少年鑑別所所長B氏は、こう言っている。

「問題は何が少年をそこまで未熟にしてしまったかにあるわけで、未熟な少年を罰したところでどうにもなるものではありません。社会全体のあり方を考え直すことが必要で、このままの状態で推移すれば崩壊の一途をたどるのは確実です。しかし、行き着くところまで行かなければ気がつかないのではないでしょうか。残念ながらそう思います」

はたして、行き着くところまで行かなければ気がつかないのか？　そうだとしたら、道連れにされる子どもは哀れである。

おわりに

もし、現在私が四〇代の親であったとしたら、本書の内容にはかなり抵抗を感じるところがあるのではないかと思う。そのことは、書きながら常に意識させられ続けてきた。その意味で私は、ここまでお読みくださったこと自体に感謝している。

そう思えるところはいろいろあるが、大きく言えばこの筆者は、第一にあまりにも子どもの側に立ちすぎている、第二には今の親をボロクソにけなしている、第三にどうするかという具体的な提言をしていない、ということではないかと思う。それを承知で書いたのは、そのような批判をとおして、改めて考えていただけるところがあればと願ったからである。

私は以前から子どもの側に立ちすぎると批判されているが、別に子どもを甘やかしているわけではない。ところが批判する側の人たちは、少年法の改正（厳罰化）に反対しているというだけで「甘やかし派」のレッテルを貼る。そして、今の子どもたちのおかしさが何によるかを考えることすら「おかしな子どもを弁護する」と非難する。こうなっては話にならないのだが、結局はその人たちが多数派になってしまったわけである。

少年といえども、法を犯せば矯正を含めた処罰を受けるのは当然で、行為の当事者として罪は償わなければならない。しかし、生まれながらに凶悪な犯罪を犯す性行を持っている子どもはいない。裁かれなければならないにのは、虐待や放任など、そうなるような環境に子どもを置いた保護者のはずで、当人が年少であればあるほど責任は保護者にある。

政治が考えなければならないのは、その問題をどうするかであって、何の施策もないままに一四歳の子どもを刑務所に入れたところでどうなるものでもない。ことの本質を考えようともしない人たちの応報感情を満たすことは、子育ての歪みを気づかせなければならない方向に逆行するもので、ポピュリズム（大衆迎合主義）以外の何ものでもないのである。五年後の改正少年法見直しは、どこまでそこから脱却できるかにかかっている。

アドラーがもっとも問題にした甘やかされた子どもは、もはやはっきりと危険な層になっている。しかし、その子どもたちもまた被害者なのである。そうであれば、子どもの側に立って考えていかなければ、社会は正常に保てない。私はそう思うのだが、間違いだろうか。

今の親たちは子どもたちとほぼ同じ環境に育っている。自分の子ども時代を振り返ってみても、また周囲を見回してもみな同じなのだから、その環境や育てられ方をおかしいとは感じていない。私の言うことに反撥を感じるのは当然なのである。

ただ、その人たちが普通と感じている幼少期の環境は、人類が子どもの成長のために普通としてきた環境とは相当に違っている。私が家族のあり方を含めて自分の幼少時の環境を述べたのは、それが澤口氏の言う「人類としての普通の環境」に近いと思うからなのだ。

私たち世代は失われた環境が何であるかを知っている。しかし、団塊の世代以降の人たちは自分たちが何を失わされているかも分からないのである。それを失わせてしまったのは主として私の父親世代だが、私たち世代にも戦後の価値観の混乱は尾を引いており、結果として親世代と同じ過ちを犯している。アメリカ文化の流入や高度経済成長などいろいろ理由はあるが、子どもの発達に必須な環境と子育ての伝承を絶やした罪は私たち世代以上にあるわけで、現在の子どもたちのおかしさは詰まるところ私たちの責任なのである。

現在、子どもが中学生以上になった家庭の中には、それぞれが家族とは何だろかと自問せざるをえないほど実質を失った家庭が増えているようだ。そのため、新たな家族のあり方がいろいろと模索されている。時としてそうした文章を目にするが、私にはどうも違和感がある。

家族がばらばらになっているのは、コミュニケーションが空疎なものになっているということだろうが、それは家族を構成する個々人の社会性の問題に帰着する。広範にそういう状態が出現しているということは、それが普通になっているニューファミリー型家族のあり方、とりわけ教育力に問題があると見なければならない。

今の人たちはニューファミリー型家族を普通の家庭と思っているようだが、それは一つの時代が生み出した核家族化にともなう形態であって、別に歴史的・文化的な普遍性を持つものではない。私が感じる違和感は、その行き詰まりをあたかも時代の必然のようにとらえて、それを生み出した家族形態への反省や検討がなされていないということなのだ。

また、もう一つ感じさせられる違和感は、それら新たな家族像が夫婦とほぼ一人前になった子どもの視点で考えられている場合が多く、幼児期の子どもを育てるための視点がないということにある。家族の第一義的な目的は、種を繁栄させるための優れた子を育て上げることにある。どうもその基本さえも意識から薄れているようなのである。

言うまでもないが、家族の善し悪しは家族を構成する個人の善し悪しによる。わが子が社会的理性の発達した思いやりのある子になれば、家庭は和やかにうまくいく。つまり、八歳なり一〇歳までの子育てが間違いなく行われれば、後は自然にうまくいくということで、幼児教育こそが基本なのだ。

はっきり言って、子どもが思春期に入ったら親の仕事は終わりである。人類としての発達プロセスからすれば、思春期は巣立ちの時期であって、親から離れて行くのが本然のありようなのだ。事実として新制中学発足（一九四七年）以前の人たちの多くは、小学校を出たところで商人や職人の「見習い」として社会に巣立っているのである。

その時期に、親とのコミュニケーションもまともにとらないようでは自立はおぼつかない。それは子育ての失敗以外の何ものでもないのだが、今の親にその自覚はない。そんな子どもの状態を当然視しているから、新しい家族のあり方などという考えが出てくるわけである。

人類は積み重ねてきた経験から、人間の質が幼児教育で決まることを知っていた。そこで、われわれの先祖も、幼児教育を重視してさまざまな子育ての要諦を作りあげ、伝えてきた。たとえば、子どもにはとくに早寝早起きを強制し、「子どもは風の子」と戸外の遊びを奨励し、「可愛い子には旅をさせろ」と多様な人間関係に触れさせ、「袖すり合うも他生の縁」と個人主義を戒め、「親しき仲にも礼儀あり」と親子の間にけじめをつけて生活を峻別した。

こうした伝承がいかに正しかったかは、瀬川氏や澤口氏の言葉でお分かりのことと思う。もとより親の愛情は第一だが、「親はなくても子は育つ」という言葉は、それだけ共同体感覚に富んだ子育て環境があったということだろう。

ところが、ニューファミリー型家族はそうした伝承をほとんど受け継いでいない。それは、世界にも例のない「友だち親子」という親子関係を良しとしたことが証明している。親子の間にけじめ（礼）がなくなれば、躾が徹底せず社会的理性も育ちにくくなるのは当然で、精神的崩壊家族と言っていい現在の家庭のありようはその結果と見ていいのである。

私はかつてのような家父長型家庭がいいと言っているわけではない。子育ては時代の思潮などに流されていいものではないと言っているだけなのだ。

シベリアでマンモスを狩っていたわれわれの先祖は、約二万三〇〇〇年前に氷結した海を渡って日本列島にやってきたとされているが、その人たちの脳と私たちの脳はほとんど変わっていないという。つまり、われわれモンゴロイドの脳は極寒の地で生きてきた進化の歴史から「複雑で厳しい社会環境」にさらされないと正常に発達しないようなのだ。だから先人たちは、厳しい躾と多様な人間関係に揉まれる環境を子育てに必須の条件としたに違いないのである。

それがまったく逆になっているのだから、おかしな子も出てくることになる。澤口氏は、「子どもの発達は人類の長い歴史を背負っているものなんですから、条件付けだとか何だとかというその時代の理屈を持ってきてもダメなんです。進化の歴史や脳の発達を踏まえた環境に置かなければまともに発達しない。要するに、伝統的に自然とされてきた環境と育て方に従うのが、いちばん間違いないということです」

と言っているが、私の言いたいこともこの言葉に尽きるのである。

では、どうしたらいいかということだが、これはきわめて難しい。個人の努力だけではどうにもならないからである。少子化は、何よりも大切な地域の子ども社会を消失させた。幼稚園は本物の子ども社会ではないが、マンション内での母子カプセル状態の危険性を考えれば何であれ外に出したほうがいい。しかし幼稚園は、澤口氏が「勘違い」と断じているように、逆に子どもをひ弱にするところがある。

家庭から躾が失われてしまった現状では、幼稚園がその役割を担わなければならないのだが、どこでも方針は「個性を伸ばす」「みんな仲良く」らしいのだ。だから、小1に学級崩壊的な現象が起こることにもなる。本当に必要なのは、わがままを矯《た》めて規律を教えると同時に、子どもたち同士のぶつかり合いをおおらかに認めて社会的理性を育てることなのだが、それには文部科学省の意識改革が要るということなのだ。

しかしそれ以上の問題は、親の側が幼児化して社会的理性を欠いてしまっているところにある。またそこには、泣きやまない子どもに苛立って虐待を続けていた母親が抱き上げてあやすことを知らなかった、つまり自分にそうされた記憶がなかったという世代連鎖もある。

要するに、子どもより前に親を援助し教育していく社会的サポートなしには、子どもの正常な発達は望めなくなっているということなのである。それがなければ幼児虐待はますます増えるだろうし、下手をすれば東京・文京区の幼稚園で起こったような親同士の心理的軋轢から罪もない子どもを殺すといった事件を再発させることになる。

そうであれば、自治体の福祉行政としてそのような場を拡大していくことや、民間の援助組織をＮＰＯ化して活性化していくことを考えなければならない。私が住む東京練馬区ではボランティアグループ「手をつなご」が、区の施設を使って〇歳児から二歳児をつれた母親と祖母年代の人との交流の場を作っている。代表の千葉勝恵さんは「ただ集まってしゃべったり遊んだりしているだけで、何もしてないんです」と言うが、そういう場こそ必要なのである。

ただ、それを進めるためには、一人でも多くの人に家裁の調査官や保護観察官が語っている子どもの実態と、今の子育てのおかしさを認識してもらう必要がある。そうでなければ、子どもの幸福も親の幸福もないだけでなく、この国は確実に衰亡していくことになるだろう。

反撥を招くような言葉ばかりを書きつらねたが、わずかでも考えていただけるよすがとなるものがあれば幸いである。

これを書くについては、多くの人のお力添えをいただいた。調査官、保護観察官、元鑑別所長や少年院院長の方々は、少年法改正を否とするところから取材に応じてくださったわけだが、すべての人がその問題にとどまらず今の子どもが抱えている問題点を熱く語ってくださった。とりわけ寺尾絢彦氏には貴重なお話とご支援をいただいた。改めてお礼を申し上げる。

また、「憩いの家」の三好洋子さんと武田陽一氏、野口のぶ子さんにも大変お世話になった。長時間お話をうかがいながら、わずかしか活字にしえなかったことを心苦しく感じている。

さらに、瀬川昌也、澤口俊之両先生には懇切なお教えをいただいた。とくに瀬川先生にはお忙しい中を再度の取材に快く応じていただき、感謝は言葉に尽くせない。お話からひしひしと感じさせられたのは、このままでは子どもが駄目になってしまうとする危機感で、それは澤口先生も同じだった。その思いがあればこそのご協力と重く受け止めている。

正直に言って、脳科学の理解は容易ではなかった。読者にもそう感じられた方は多かったのではないかと思う。それをなるべく忠実に伝えようとしたのは、その知識がいずれは常識になると考えたからである。子どもの歪みが何によるかを知らずして少年問題は考えられないはずであり、脳が明らかにした「人間は本来どういう生き方をする生き物なのか」ということは、社会のあり方を変えていくはずだからである。

雑誌『世界』に「少年事件への視点」として連載を始めたのは、二〇〇〇年一〇月からであった。しかし、取材したすべての人が疑問視した少年法改正案は、一〇月三一日に衆院で可決された。その時点で企画は半ば意味を失ったわけである。にもかかわらず、岡本厚編集長と担当してくださった太田順子さんは私を励まし続けてくださり連載は続行された。この仕事ができたのはお二人の見識があったればこそのことで、何とお礼を申し上げてよいか分からない。

なお、その原稿に加筆して本書とするについては、旧知の間柄にある現代人文社代表の成澤壽信氏と木村暢恵さんに一方ならぬお世話になった。本書には実に多くの方々の思いが込められている。それだけに、どこまで伝え得たかという忸怩たる思いが拭えないが、お世話になった方々すべてに衷心よりお礼を申し上げて、筆を措く。

二〇〇一年一〇月

小林　道雄

◎著者プロフィール
小林道雄（こばやし・みちお）
1934年，東京生まれ。
雑誌記者から編集長・出版部長を経てフリーとなり，ノンフィクション作家。
著書には『翔べ！ はぐれ鳥』『「大人」になる方法』『「小言」のいい方』『冤罪のつくり方』『少年審判』（いずれも講談社），『若いやつは失礼』『日本警察の現在』（岩波書店）などがある。

退化する子どもたち

2001年12月3日　第1版第1刷

著　者：小林道雄
発行人：成澤壽信
編集人：木村暢恵
発行所：（株）現代人文社
〒160-0016 東京都新宿区信濃町20 佐藤ビル201
電話：03-5379-0307（代表）　FAX：03-5379-5388
Eメール：genjin@genjin.jp
ホームページ：http//:www.genjin.jp
振替：00130-3-52366
発売所：（株）大学図書
印刷所：（株）ミツワ
装　幀：清水良洋
ISBN4-87798-066-0 C0036